Sommaire

À ma fille Marie
et à ma maman chérie

Avant-propos

Fuck thérapie ! *Fuck thérapie* ? Mais pourquoi donc ce *Fuck* ?

À l'origine, ce livre devait s'appeler « Boîte à outils pour cerveaux gauches ». Je l'avais écrit pour rassembler toutes ces phrases, petites et grandes, qui m'avaient marquée dans ma vie, et dont j'use aujourd'hui auprès de mes clients en tant que coach. Étant « fondue » du cerveau – c'est-à-dire passionnée de neurosciences – et amoureuse des jeux de langue, j'avais d'abord succombé à l'envie simple d'un calembour, d'une petite pirouette sémantique, mêlant le cerveau gauche de la rationalité et de l'apprentissage à notre propension tout humaine à la maladresse.

Et puis, mon éditrice est arrivée, m'a lue, m'a comprise et m'a dit, avec toute la gentillesse et la bienveillance qui la caractérisent : « Oui ! bon, certes, la boîte à outils, le cerveau gauche *gauche*, c'est très clair, très gentil... J'aime beaucoup les jeux de mots mais n'est pas Bobby Lapointe qui veut ! En te lisant [Oui, mon éditrice me tutoie !], on apprend à se connaître soi-même, on ouvre les yeux sur nos difficultés et on s'approprie des "trucs", des moyens tout bêtes pour commencer à s'en sortir tout seul, sans l'aide immédiate d'un psy. Attention ! je ne dis pas qu'un psy est inutile, mais pour beaucoup de choses, on peut d'abord tenter l'aventure par soi-même... avec tes outils, par exemple ! D'ailleurs, on va garder ton idée de départ et glisser ta boîte de bricolage en sous-titre, nous éviterons ainsi les malentendus et les plaintes des complétistes du Kama Sutra. Car, à partir de maintenant, ton livre s'appelle *Fuck thérapie* ! »

— *Fuck thérapie* ! *Fuck thérapie* ? Mais pourquoi donc ce *Fuck* ? » m'écriai-je, faussement choquée.

— Pour dédramatiser, ma chère Blandine, pour dire : « Non, vous n'êtes pas fou, pas nul, pas incompétent, pas incapable de vous en sortir tout seul, pas prisonnier de vos peurs, de vos doutes, de vos habitudes, de vos comportements ! Oui, vous pouvez trouver les ressources en vous-même, trouver les réponses à certaines questions, trouver la lumière, trouver le bonheur ! Non au défaitisme, aux idées préconçues, à l'autodénigrement ! Oui à l'introspection, au nettoyage des vieux souvenirs, des vieilles rancœurs, des non-dits et autres blessures intimes ! Non au passé, oui au présent ! C'est ça, la *Fuck thérapie !* »

La messe était dite, et bien dite.

Ce dialogue aurait pu suffire comme introduction. Mais permettez-moi d'ajouter quelques points d'éclairage. Et revenons d'abord à ma métaphore initiale.

Ne semble-t-il pas essentiel d'avoir toujours un petit nécessaire de bricolage chez soi ? Je ne suis pourtant pas la reine du tournevis, de la perceuse ou du marteau à tête plate ! Mais qu'il est pratique et rassurant de pouvoir réparer, fixer, colmater, embellir... Et ce n'est pas parce qu'on n'est pas bricoleur ou expert qu'on n'a pas l'utilité – voire le plaisir – de planter un petit clou pour consolider un support branlant, afficher un souvenir ou rétablir un équilibre précaire... Qu'il est bon et satisfaisant d'aménager soi-même, à son humble niveau, son *intérieur*. Et, de la même façon que vous veillez à la bonne tenue, à la décoration et à l'ambiance de votre chez soi, vous devriez vous occuper pareillement de votre corps, de votre esprit, de votre âme. Comment ? Avec d'autres outils, d'autres kits de secours, d'autres « trucs » adaptés à l'émotionnel, le comportemental, le psychologique ; tout une panoplie pour réparer, fixer, embellir, ouvrir l'esprit et, par là même, le corps. Sans le savoir, nous sommes nombreux à posséder une telle boîte à outils. Et quand bien même nous le savons, nous n'osons pas l'utiliser.

Cet ouvrage n'a pas la prétention de démontrer quoi que ce soit, de s'ériger en doctrine philosophique ou de faire le moindre prosélytisme. Il a juste l'ambition de rendre plus heureux. À cette fin, il vous propose des outils simples, adaptés à tous, pour vous découvrir, vous familiariser avec vos dimensions émotionnelle et psychologique, vous faire progresser sur le chemin de l'accomplissement.

Cet apprentissage, je vous le propose sous la forme de phrases, courtes ou longues, limpides ou parfois à double sens, mais toutes révélatrices. Chacune d'elles est un outil dont, vous seul, connaîtrez l'exacte utilité. Toutes ne vous seront pas forcément nécessaires ou parlantes. De même, vous pouvez les aborder dans le désordre, en fonction de ce qu'elles éveillent en vous.

D'ailleurs, nul besoin ici d'intellectualiser. Pour commencer, ce livre se respire. À chaque début de chapitre, je vous inviterai à prendre le temps, en respirant profondément, afin d'accueillir la phrase-outil pour mieux trouver votre réponse intérieure.

Toutes ces phrases vous seront familières ou pas... Peu importe. Je les ai retenues au gré du retour de mes clients. [En tant que coach, je préfère le terme « client » à celui de « patient » ; un client est ambitieux, un patient est malade, et jusqu'à nouvel ordre, je ne suis pas médecin.] Prenez n'importe laquelle de ces phrases et réfléchissez à la manière dont elle s'incarne dans votre quotidien.

Mon ambition est de vous aider à pouvoir dire que « toujours j'essaie et, la plupart du temps, je parviens... Je parviens à vivre ces outils, à les partager, à avancer, à apprendre, à réparer, à me réparer, à créer... Je parviens à donner du *sens* à ma vie en en étant l'acteur/trice et non le/la spectateur/trice d'un scénario imposé. »

Ayez de l'ambition ! de l'ambition pour vous-même... Un peu d'ambition pour ceux à qui l'on transmet.

Il ne s'agit pas seulement de transmettre un lieu de vie, des moyens financiers, mais également – et surtout ! – d'y adjoindre ses valeurs, ses désirs, ses goûts, sa joie, son amour !

Prenez n'importe lequel de ces outils, n'importe laquelle de ces phrases, et demandez-vous si vous l'incarnez suffisamment pour la transmettre. Si la réponse est oui, prenez-en une autre… Et ainsi de suite… D'autres viendront. Si la réponse est non, prenez le temps qu'il faut pour la faire vôtre et améliorer ce qui se doit.

Voilà aussi pourquoi ce livre s'intitule *Fuck thérapie !* Parce qu'il est nécessaire – vital ! – d'aller vers soi… sans se sentir malade pour autant.

Dans cet ouvrage, je me permets de glisser des anecdotes personnelles, le récit de ce que ces petites phrases ont pu générer dans ma vie, mais également le témoignage de quelques-uns de mes clients. C'est, bien évidemment, avec leur accord et leur confiance que je partage avec vous leur expérience.

Toutefois, il n'importe pas tant de vous nourrir de l'expérience des autres que de vous confronter vous-même à ces mots, ces phrases. VOTRE expérience est la seule essentielle. Prenez le temps de vous rencontrer, de vous accepter, de vous aimer… Et savourez les bienfaits de cette réparation.

Je vous souhaite une bonne lecture et une belle aventure personnelle… sans jugement.

N'oubliez pas que l'on ne vit qu'une fois et que l'existence est précieuse !

Blandine DAVEAU

Outil 1

Aimer son prochain comme soi-même

Pour commencer...

Détendez-vous... respirez profondément par le ventre... je vous conseille de fermer les yeux un instant... laissez monter la phrase en vous en cérébralisant le moins possible... laissez-la résonner sans porter de jugement... laissez venir les images, les sensations, les idées sans vous y attacher particulièrement... notez ce qui en sort.

Aime ton prochain comme toi-même !... Qui n'a jamais entendu, au moins une fois dans sa vie, cette phrase tirée des Évangiles ? Et cette injonction est tellement bien installée dans l'inconscient collectif que nous ne l'entendons plus dans ce qu'elle a d'essentiel. Et, à moins d'une révélation, nous passons à côté.

Toute mon enfance a baigné dans un environnement catholique, à la fois bienveillant et progressiste. Combien de fois mon père m'a-t-il adressé ce fameux précepte ? Avec le recul, je sais qu'il ne le faisait jamais au hasard, car il s'agissait toujours dans ces occasions d'interroger ma confiance en soi, de la stimuler, de l'encourager. Mais en tant que rebelle précoce, je n'écoutais pas et cette phrase finissait toujours par me donner des boutons.

Et puis un jour, au terme d'un cheminement secret et inattendu, j'ai ressenti un « truc bizarre », comme une autorisation, aussi insistante qu'évidente. Je n'entendais plus « Aime ton prochain comme toi-même » mais juste « comme toi-même... comme toi-même... Toi-même... » Ça avait l'air tellement bête, tellement limpide : comment aimer l'autre si je ne savais pas m'aimer ? Plus encore, c'était l'absolue nécessité de s'aimer d'abord soi-même avant de pouvoir aimer les autres qui s'imposait.

Dès lors, tout m'a paru beaucoup plus simple. La machine était en marche. Cet éclair de conscience me donnait accès à des perspectives existentielles insoupçonnées.

Mon credo

Si j'ai pris soin de commencer l'ouvrage par cette phrase, c'est que ma spécialité professionnelle – qui a trait au développement personnel et, par conséquent, au traitement des maux de l'âme et de l'esprit – m'amène à rencontrer quasi exclusivement des êtres en souffrance, et très souvent en déficit d'amour de soi.

Il semble bien que l'amour de soi, de nos jours, soit perçu comme un défaut, un préjudice, voire une perversion. Or, pour moi, il s'agit de « l'outil » fondamental de l'existence, le plus important de tous, le « passe-partout » pour une vie pleine et heureuse.

Toutefois, je l'avoue, il est bien difficile d'accepter et d'intégrer cette sentence, tant elle semble cumuler deux notions à la charge négative.

D'abord l'amour de soi, qui est systématiquement assimilé à de l'amour-propre – mal placé évidemment – et au narcissisme. Pensez donc ! Quelle arrogance de s'aimer soi-même ! Et puis vient se greffer la seconde notion, cette idée simple et horrible selon laquelle on se ferait passer soi-même avant l'autre, que l'on penserait à soi puis – très éventuellement ! – à l'autre. Du pur égoïsme, en somme. Le gros mot est lâché. D'ailleurs, ne vous a-t-on jamais invité, dans cette perspective d'altruisme la plus désintéressée possible, à vous occuper d'abord d'autrui, avant de penser à votre propre nombril ?

Attardons-nous un moment sur ce (gros) mot : *égoïsme*. J'en connais deux définitions radicalement opposées, mais particulièrement éclairantes. La première, tirée du Larousse, fait état d'un « attachement excessif porté à soi-même et à ses intérêts, au mépris des intérêts des autres » ; la seconde, plus sémantique et philosophique, renvoie au latin *ego* (« je » ou « moi ») et désigne « l'ensemble de penchants ou d'instincts qui servent à la conservation et à l'entretien de l'individu[1] ».

Êtes-vous sensible au paradoxe ? Aujourd'hui, si quelqu'un vous accuse d'égoïsme, vous ne retenez que le reproche (voire l'insulte) – sens dans lequel il a d'ailleurs sans doute été utilisé – et passez à côté de sa dimension plus vertueuse. Car, après tout, l'égoïsme – dans son approche positive – n'est rien d'autre qu'une réaction saine, de l'ordre de l'instinct de conservation, de la survie.

D'ailleurs, et pour en finir avec ces digressions (gentiment) philosophiques, notons que le fameux commandement qui nous intéresse – « Aime ton prochain comme toi-même » – trouve un écho comparable dans le dicton populaire « Charité bien ordonnée commence par soi-même ».

Contrairement aux idées reçues, l'amour de soi n'implique pas forcément le culte de soi. Je ne parle pas ici de narcissisme – si lié au mythe et tombé dans les filets de la pathologie et de la psychanalyse – ni de complexe de supériorité. S'aimer soi-même doit rester un commandement transcendantal, une aspiration qui nous invite au respect de soi, en tant qu'être unique et complexe, à l'harmonie et à la dignité.

1. Selon le CNRTL (Centre national des Ressources textuelles et lexicales).

Parmi mes clients, le « non-amour » de soi est presque une norme, et lorsque j'en croise un qui « s'apprécie » relativement, il y a toujours cette suspicion de narcissisme qui rôde dans un coin. Le fait est que nous ne sommes pas habitués à concevoir l'amour de soi comme naturel et sain.

Aimer n'est pas rationnel. Alors, s'aimer ?!
Pensez donc !!!

De l'amour

Le lien d'amour et la reconnaissance de soi par le regard d'autrui sont nécessaires au nouveau-né – plusieurs études ont montré qu'en l'absence de caresse l'enfant meurt. Avec le temps, ces sentiments gagnent en maturité et renforcent la conscience de soi. Chez l'homme, précisément, cette conscience de soi nous distingue du règne animal, nous préserve de l'uniformisation et nous rend singuliers.

Mais aimer n'est pas évident, car cela implique un effort constant, un dépassement de ses instincts originels. S'aimer soi-même donne du sens à l'existence et aide à accéder à l'amour de l'autre. Il s'agit donc d'abord d'être centré sur soi avant d'être en partage, en rayonnement. Dans l'idéal, nous devrions être comme le soleil, qui ne réchauffe que parce qu'il est brûlant en son cœur et non pas simplement en surface. De même, l'humain ne peut diffuser que l'amour qu'il possède en lui-même ; de cet amour qu'il aura reçu dès sa naissance (acquis) et qu'il aura su générer de lui-même (inné) ; un amour qu'il pourra – s'il a bien fructifié – diffuser, semer et partager.

Échapper à soi

Malheureusement, il est tellement plus simple de s'intéresser à l'autre plutôt qu'à soi-même ! On préfère regarder ailleurs plutôt que de plonger en nous-même. On préfère s'attacher à l'extérieur plutôt qu'à ce que nous cachons à l'intérieur. Trop souvent, l'on se fuit pour éviter de se rencontrer.

Je suis la première à avouer à mes clients que je fais ce métier pour mieux ne pas m'occuper de moi. Une grande dose de dérision qui n'élude pas une certaine vérité. Et dans le registre des reproches, on juge toujours plus facilement la « paille du voisin » que notre « poutre » apparente. À ce titre, rappelons-nous cette fameuse parabole tirée des Évangiles de saint Luc et saint Mathieu : « Qu'as-tu à regarder la paille qui est dans l'œil de ton frère ? Et la poutre qui est dans ton œil, tu ne la remarques pas ? (...) Ôte d'abord la poutre de ton œil et alors tu verras clair pour ôter la paille de l'œil de ton frère.[1] »

1. *Bible de Jérusalem*, Desclée de Brouwer, nouvelle édition, 1975.

> “ *Il faut d'abord apprendre à vivre soi-même avant de faire la leçon aux autres !* ”
>
> FEDOR DOSTOÏEVSKI,
> in *Les Carnets du sous-sol* (Babel, 1863).

La même chose se produit dans le registre de l'amour : il est plus simple d'aimer l'autre que soi-même. Pourtant, souvent, ce que nous aimons chez l'autre n'est que la projection de ce que nous sommes. Nous ne nous attachons chez lui qu'à ce qui nous ressemble ou nous y oppose. Si nous savions d'abord apprécier nos propres qualités et défauts, nous aurions alors le plaisir inouï de jouir des différences d'autrui et de nous en enrichir.

En m'aimant, je m'ouvre à la richesse de l'autre, à son unicité et sa complémentarité. À l'inverse, en ne m'aimant pas, l'autre reste un miroir qui ne fera que me refléter, me confortant ou me dérangeant mais ne m'enrichissant pas.

Tout cela m'amène finalement à un conseil simple, une humble invitation, une permission, une préconisation dénuée de toute perversité ou d'obstruction morale : si c'est bon pour soi, c'est forcément bon pour l'autre, et c'est forcément bon pour ce que l'on transmet de soi à travers l'autre.

Aimez-vous d'abord, afin d'aimer l'autre. Il n'est jamais trop tard pour commencer.

Comment s'aimer ?

Cette question m'est évidemment souvent posée et je ne saurais toujours pas dire s'il existe une recette. Chacun doit pouvoir trouver en lui la méthode qui lui convient le mieux. Si rien ne peut remplacer l'apport d'un psy, cet ouvrage vous offre des outils pour réparer, consolider et améliorer votre amour de soi.

Vous devez d'abord apprendre à regarder le temps en face, votre temps. Celui d'avant, celui qui a été nécessaire pour parvenir jusqu'à aujourd'hui, ici et maintenant. Dites-vous que ce temps est révolu et faites-en le deuil. Désormais, parce que vous y êtes prêt, commence une nouvelle page de votre vie.

Et vous avez le pouvoir de décider de faire autrement, en dépit du temps passé et en fonction du temps présent.

Ça commence maintenant !

Cessez de vous dévaloriser

Elles sont légion ces petites phrases assassines qui hantent notre esprit et ruinent nos actions : « Tu n'y arriveras pas », « Tu n'es qu'un(e) nul(le) », « Qu'est-ce que je suis moche ! »...

Pourtant, elles ne sont pas à vous, ces phrases. Elles sont le fruit de croyances et de peurs qui vous paralysent et vous rassurent en même temps, car les peurs sont tout à la fois des doudous et des fantômes. Vous les tenez de votre enfance, de la bouche de vos parents, des proches et autres figures de l'autorité. Soit ! Qu'elles y restent !

Le premier pas vers le respect de soi

Comportez-vous avec vous-même comme si vous étiez votre meilleur(e) ami(e). Conscientisez le fait que vous ne traiteriez jamais quelqu'un que vous respectez comme vous vous traitez vous-même.

Je vous invite à symboliser cet état de conscience, cette dynamique de renouveau, par une phrase que vous allez vous répéter aussi souvent que nécessaire afin d'amorcer ce changement. Un exemple parmi d'autres : « À partir d'aujourd'hui, je cesse de me dévaloriser et je me considère comme mon/ma meilleur(e) ami(e). »

Il est très important que cette phrase commence par une marque temporelle : « dès à présent..., à partir de maintenant..., désormais... »

Soyons clairs ! Vous n'abandonnerez jamais cette mauvaise habitude d'autodénigrement. Malgré tous vos efforts, les petits jugements tenteront toujours de reprendre la main. Alors, soyez vigilant. Gardez votre conscience en éveil, sans cesse tournée vers le meilleur de vous-même. Comme le sportif et le musicien, échauffez-vous, entraînez-vous, imposez-vous une discipline pour acquérir de bons réflexes et une bonne technicité ; vous vous améliorerez chaque jour un peu plus.

ÉTUDE DE CAS

Céline, 39 ans, deux enfants, est en manque d'estime d'elle-même. Cette mère au foyer vient me trouver pour tenter d'enrayer ce qu'elle considère elle-même comme du sabotage émotionnel.

« Comment pourriez-vous faire pour déjouer vos réflexes d'autodénigrement ? »

Je pense alors à une astuce « empruntée » à l'une de mes clientes : la tirelire. Je lui propose donc de mettre un euro à chaque fois qu'elle se surprend en flagrant délit d'autodévalorisation.

La semaine suivante, elle m'apporte sa tirelire et la fait résonner devant moi.

« Vous connaissant, elle doit être bien remplie !

— Effectivement, et en plus les enfants adorent. »

Elle en riait maintenant, mais elle était bien décidée à ne pas s'enrichir sur son propre dos.

Quand vous serez parvenu(e) à faire barrage à la dévalorisation, faites un pas supplémentaire et apprenez à vous valoriser. Dès lors, plus question de saboter vos élans. Il sera alors primordial de les encourager : « Je vais y arriver ! », « Je suis à la hauteur ! », « Je suis bon pour faire ça et j'aime ça ! »...

Identifiez vos talents et fiez-vous à eux. Cessez de vous lamenter. Cessez d'avoir peur. Respectez vos envies et écoutez-les.

- **Dites : « Je m'aime ! »**
- **Dites : « J'en suis capable ! »**
- **Dites : « Je vais réussir ! »**

S'il faut en croire certains principes de la physique quantique, tout est matière et tout interagit. Et si l'on considère que cette interaction est liée à une densité électrique, tout peut donc être conditionné et conditionnable. Ainsi, si je délibère avec mon cerveau, j'attire à moi le fruit de mes désirs, l'objet de mes projections. Si je pense à moi de façon négative, ce négatif me sera renvoyé, et il en sera de même avec le positif.

Personnellement, mon choix est clair : j'ai une légère préférence pour le bonheur et la joie.

Et vous ?

Prenez soin de vous !

Personne ne peut le faire mieux que vous.

D'ailleurs, désormais, comme vous êtes devenu votre meilleur(e) ami(e), soutenez votre corps et votre esprit en vous écoutant, en identifiant vos besoins et en les satisfaisant, en étant à l'écoute de vos envies, en vous reposant dès que nécessaire, en respirant profondément dès que vous le pouvez.

Faites-vous ce que vous aimeriez que les autres vous fassent.

Tout ce que vous vous donnerez vous rendra plus fort et vous aidera à l'offrir aux autres plus naturellement.

> “ *Qui mieux que vous sait vos besoins ?*
> *Apprendre à se connaître est le premier des soins...* ”
>
> JEAN DE LA FONTAINE, *Le Juge arbitre, l'Hospitalier et le Solitaire*, Livre XII, fable 25.

Libérez votre créativité, soyez spontané(e) !

Tout peut être prétexte à la créativité : activités solitaires, en plein air, avec des amis ou en famille, cuisiner, s'habiller, dessiner, écrire, écouter ses envies et y répondre. La créativité est une source inépuisable de satisfactions, un acte d'unicité, de réalisation de soi, ne vous en privez pas.

Soyez dans le non-jugement !

Il m'arrive encore parfois de mal me traiter, et je constate alors à chaque fois que tout est plus pénible à vivre, plus contraignant à entreprendre. À l'inverse, quand je me fais du bien, que je prends soin de mon être intérieur, la vie m'encourage en m'adressant des messages positifs. Et je le vérifie chaque jour avec mes clients et les gens qui m'entourent.

Ne vous jugez plus. Ne jugez plus les autres. Prenez conscience de ce qu'autrui ou la situation vous éclaire sur vous-même et guide votre évolution. Vous entrerez alors dans un cercle vertueux qui vous permettra de vous réjouir des différences plutôt que de vous en méfier. Le « bien » et le « mal » céderont la place au « juste » et au « pas juste ».

Il est important d'apprendre à exprimer son avis sans émettre de jugement. Préférons un « Je ne suis pas d'accord » à un « C'est con ! », un « Je préférerais faire autre chose » ou un « Je n'ai pas très envie de faire ça » à un « C'est nul ! », un « Tu as un peu de retard » à un « Tu es toujours en retard »...

L'empathie et la compréhension sont les meilleures armes pour lutter contre le jugement et pour nourrir le meilleur de soi.

Encore une fois, j'insiste sur la nécessité de rester vigilant, de ne pas se laisser submerger par ses anciens réflexes, ses anciennes peurs qui ne manqueront pas de tenter de resurgir de temps à autre.

C'EST À FORCE DE PRATIQUER
QUE NOUS PERMETTONS LE CHANGEMENT,
QUE NOUS PRENONS LE CHEMIN DE L'AMOUR DE SOI.

Outil 2

Se protéger du pire, c'est se protéger du meilleur

Pour commencer...

Détendez-vous... respirez profondément par le ventre... je vous conseille de fermer les yeux un instant... laissez monter la phrase en vous en cérébralisant le moins possible... laissez-la résonner sans porter de jugement... laissez venir les images, les sensations, les idées sans vous y attacher particulièrement... notez ce qui en sort.

Je tiens cet adage d'un homme qui a compté dans ma vie. Je me souviens qu'il m'irritait souvent à lancer ce genre de phrases toutes faites. Je les prenais comme autant de cours de morale ou de jugements. Erreur ! Ces petites phrases ne sont pas des jugements, elles ne sont que logique et bon sens, et s'imposent d'elles-mêmes à chacun selon sa réalité. Juste retour des choses, c'est à moi aujourd'hui qu'il revient l'honneur de vous livrer son lot d'aphorismes pleins de bon sens.

Précisément, revenons au sens que cette phrase revêt dans notre vie.

Le chaud et le froid, l'amour et la haine, le bien et le mal... C'est en pensant aux liens indissociables qui unissent en général les extrêmes – l'un n'existe pas sans l'autre – que j'ai retenu cette sentence. En effet, le meilleur n'empêche pas le pire, et le pire ne doit pas faire oublier que le meilleur est toujours possible.

Toutefois, au début, le mot « protéger » m'a indisposé. J'entendais bien la notion de refuge, mais je ressentais également comme une entrave.

Cette phrase va avec l'idée de prendre des risques et donne un coup de pied au principe de précaution.

Au commencement...

Dès les premières années, chacun de nous se forge une carapace et génère ses propres croyances. En mère de toutes les vigies, l'instinct nous dicte sa loi et nous intime l'ordre d'éviter les souffrances et les blessures, qu'elles soient physiques ou émotionnelles. Ici, on le voit, l'instinct nourrit la peur... ou bien est-ce l'inverse ?

Il est naturel et juste de se protéger physiquement, de ne pas mettre sa vie en danger ni celle d'autrui.

En revanche, rien de pire que se « protéger de faire » de peur d'échouer, se « protéger de dire » les choses de peur de se tromper ou de paraître ridicule, se « protéger d'essayer » de peur de mal faire, se « protéger de rencontrer » de peur d'être abusé(e), se « protéger d'avoir » un enfant de peur de ne pas savoir lui donner, se « protéger de ressentir » de peur d'avoir mal, se « protéger d'exprimer » de peur d'être jugé, se « protéger d'aimer » de peur de faire trop souffrir...

Les exemples sont légion mais voilà, en gros, ce que j'appelle « se protéger du meilleur » en voulant éviter le pire.

ÉTUDE DE CAS

Olivier, 44 ans, marié, deux enfants, est à la recherche d'un emploi. Taraudé à la fois par la peur de l'échec et de la réussite, il me dit une fois qu'il préfère de loin ne pas briguer le poste dont il rêve, de peur de ne pas être à la hauteur.

Je décide de l'encourager dans ce sens pour voir sa réaction.

« Bien sûr, Olivier, vous avez raison. Ce serait trop bête de vous exposer ainsi à un échec. Vous voulez donc dire que vous êtes certain de ne pas y arriver ?

— Non, non, pas certain, mais bon... Après je m'en voudrais trop.

— Alors, ne sortez surtout pas de votre zone de confort et laissez quelqu'un d'autre réussir à votre place. »

Et tandis qu'il se tord les mains, je lui demande : « Ne serait-ce pas de l'orgueil que de ne pas vouloir échouer ? Êtes-vous certain que vous préférez ne pas essayer plutôt que d'échouer ? Échec, d'ailleurs, qui ne semble pas du tout certain... »

Il se trouve qu'Olivier a fini par postuler pour le poste dont il rêvait, la peur au ventre. Il l'a obtenu en s'en donnant les moyens. Dès lors prêt à prendre plus de risques dans sa vie, il n'a eu de cesse jusqu'à aujourd'hui de se surprendre... et d'aimer ça.

Le meilleur ressemble souvent à ce que l'on n'attendait pas. N'avez-vous jamais été dans la situation de vous dire « Non, vraiment, je n'ai pas envie d'aller à cette soirée », puis, une fois sur place, passer un merveilleux moment ?

> “ *Le pire n'est jamais certain, mais il n'est jamais décevant.* ”
>
> Réplique tirée du film *Monty Python, sacré Graal* (TERRY JONES, 1975).

La société a développé une pratique sans nulle autre pareille pour contrôler, maîtriser les défaillances, masquer les vulnérabilités, éroder les besoins, mais qu'en est-il de notre capacité à prendre des risques ?

Le risque n'est généralement pas là où on l'imagine. Le risque n'est pas de repousser les limites, de provoquer, de choquer ou d'aller à contre-courant des autres.

Le vrai risque est d'aller à contre-courant de soi-même.
Plus encore, et pour raccorder
avec notre commandement précédent,
le risque part de soi, pas de l'autre.

C'est en partant de soi que l'on gouverne sa vie et non en imposant cette responsabilité à l'autre, en imitant ou en s'opposant.

En d'autres termes, se protéger physiquement ? Oui, bien entendu, mais dans la limite du raisonnable. Se protéger émotionnellement ? Non, car le meilleur réside aux détours de ce que l'on redoute le plus.

Un enfant surprotégé se construit au rythme des « Ne touche pas à ça mon chéri... Ne te balance pas trop vite... pas trop haut... Ne cours pas... Ne plonge pas là... Ne va pas là où tu n'as pas pied... Ne mange pas ça... Fais pas ci, fais pas ça... » Bref, vous connaissez la chanson ! Il y a fort à parier que cet enfant, devenu adulte, aura tendance à être soit casse-cou par opposition, soit peureux par imitation. J'en ai rencontré de ces personnes, incapables de faire les choses par elles-mêmes, en raison d'une éducation trop protectionniste.

Par extension, j'ai en horreur ce fameux « principe de précaution », qui avilit plutôt qu'il ne responsabilise l'individu.

> “ *Je ne perds jamais. Soit je gagne, soit j'apprends.* ”
>
> NELSON MANDELA.

En se protégeant du risque, on se coupe aussi des sensations. Certes, en évitant la souffrance, on échappe à l'adversité et au combat, mais on se prive également du dépassement, de la connaissance et de la nécessité d'avancer.

> ***Éviter de se confronter à ce qui fait du mal, c'est s'empêcher d'attirer ce qui fait du bien.***

Grandir, c'est apprendre le mal

Je sais qu'il est difficile de comprendre et d'admettre que la souffrance participe à l'évolution et l'amélioration de l'être. Pourtant, personne ne traverse la vie comme pousserait un vulgaire légume. De fait, « grandir » impose de se frotter à certaines difficultés, à certaines remises en question. Grandir impose une mue qui passe obligatoirement par une exposition aux risques, quels qu'ils soient.

J'use souvent de la métaphore du digicode pour me faire comprendre : ce dispositif ingénieux et si pratique, en même temps qu'il nous protège des intrus, nous coupe tout aussi radicalement du plaisir de visites amicales impromptues.

En me protégeant du pire, je cherche à anticiper. Et en anticipant, je suis dans le contrôle, lequel génère inévitablement enfermement ou fuite. Il s'agit là précisément de deux réactions fondamentales activées par l'être humain pour faire face au danger, la troisième étant la confrontation. Cette notion est vieille comme le monde. Le règne du vivant génère des défenses face aux agressions éventuelles. Et ce n'est pas que le propre de l'homme.

Se protéger du pire, c'est générer des fortifications, des remparts entre nous et le danger que l'on redoute. En me barricadant ainsi, je ne peux accueillir ce que la vie me propose de bon. Je n'agis pas, je réagis. Dans un contexte de repli et de vigilance, j'éteins ma créativité constructive au profit d'une créativité défensive, laquelle mobilise mes ressources et ne me permet pas d'accueillir l'apport extérieur comme une richesse éventuelle.

Beaucoup affirmeront qu'il est absolument nécessaire d'avoir des filtres, des carapaces, voire des armures bien armées pour avancer dans la vie. Je pense au contraire que nous passons trop de temps à tenter de supprimer ces filtres hérités de nos parents, de notre éducation, de la société, de notre inconscient, de nos peurs... Toute une vie à élaguer nos défenses pour aller vers notre vérité, notre liberté.

Je crois profondément qu'il n'est de plus grande force que la conscience et l'acceptation de sa propre fragilité. Laquelle n'est pas vulnérabilité ni faiblesse mais connaissance.

En somme, plutôt que de « se protéger du pire », je préconise de « s'attendre au pire » pour accueillir la surprise du meilleur qui peut en découler et le goûter avec joie.

Si je m'enferme, si je me paralyse ou si je m'enfuis, je ne peux pas accueillir ce que la vie me propose de bon. Je n'agis pas, je réagis.

ALORS QU'IL EST TELLEMENT MERVEILLEUX
DE SE LAISSER EMPORTER, DE SE LAISSER SURPRENDRE
PAR LA VIE ET PAR SOI-MÊME.

Outil 3

Nous ne sommes pas nos comportements

Pour commencer...

Détendez-vous... respirez profondément par le ventre... je vous conseille de fermer les yeux un instant... laissez monter la phrase en vous en cérébralisant le moins possible... laissez-la résonner sans porter de jugement... laissez venir les images, les sensations, les idées sans vous y attacher particulièrement... notez ce qui en sort.

Cette phrase m'a sauvée. Elle m'a sauvée en me faisant comprendre que nul n'est condamné à rester enchaîné à ses erreurs passées. En commençant par moi !

J'ai compris que nos comportements, nos agissements étaient le fruit de nos conditionnements et non de notre nature. Le vieux débat entre l'inné et l'acquis.

Mon adolescence – et, par conséquent, mon entrée dans l'âge adulte – a été le cadre de comportements destructeurs, fuyants et dangereux. J'ai volé. J'ai trompé. J'ai menti. J'ai quitté. J'ai trahi.

Comment s'extraire d'une telle logique infernale, d'un tel cercle vicieux ? En s'autorisant à se pardonner. En comprenant les mécanismes de l'autodévalorisation. En apprenant à éviter les pièges de la reproduction systématique des comportements négatifs.

Pour amorcer ce travail de réparation, revenons tout d'abord à notre phrase et, plus particulièrement à la façon dont vous l'avez accueillie au début du chapitre.

Comment a-t-elle vibré en vous ? Quelle petite musique a-t-elle (r)éveillé en vous ?

Maintenant, essayez de décrire précisément – par écrit ou simplement mentalement – ce que vous avez ressenti. D'une façon générale, il est toujours important que vous sachiez mettre des mots sur vos impressions, et tout particulièrement pendant la lecture de cet ouvrage.

Mettre en mots, c'est organiser sa pensée
et, par conséquent, réveiller sa conscience.
Une conscience dénuée de jugement.

Par exemple, vous pouvez penser/écrire « je sens que ça me libère » ou « je sens que ça va à l'encontre de ce que j'ai appris », ou encore « c'est trop facile ». Quoi qu'il en soit, laissez-vous aller, appréciez librement votre propre compréhension avant d'aller plus loin.

Question de vocabulaire...

Qu'entend-on précisément par « comportement » ?

Voici ce qu'en dit le Larousse : « Manière d'être, d'agir ou de réagir des êtres humains, des animaux, d'un groupe ; attitude, conduite ; manière dont quelque chose fonctionne, marche, évolue dans certaines circonstances. »

En somme, le comportement d'un être vivant – et plus largement de tout système – est la partie de son activité qui se manifeste à un observateur, ce que l'on voit dans un contexte donné, à un instant T. Observer le comportement étrange d'un individu ou celui d'un véhicule sur une chaussée glissante ne revient pas à en saisir la complexité et empêche tout jugement global.

Plus simplement encore :

Un comportement, c'est ce que l'on VOIT
d'une personne et non ce qu'elle EST vraiment.
C'est ce que l'on MONTRE et non ce que nous SOMMES.

Pour résumer, un comportement est un fonctionnement face à une circonstance précise. Si le contexte change, le comportement change aussi.

Suis-je quelqu'un de fondamentalement mauvais parce que j'ai menti, volé, blessé, triché à un moment donné de ma vie, dans un contexte particulier ?

Si j'ai volé une fois, suis-je un voleur pour la vie ? Si j'ai trompé une fois, suis-je condamné à trahir toute ma vie durant ? Si j'ai menti une fois, cela fait-il de moi un menteur patenté ?

Suis-je ce que je fais ? Ce que je fais traduit-il ce que je suis vraiment ? Ou plutôt ce que je voudrais être ? Ou même ce que je pense que je dois être à l'instant T ?

> « *Le comportement, toutefois, n'est qu'un alphabet entre les autres ; pas le plus portatif, ni le plus volubile.* »
>
> VLADIMIR JANKÉLÉVITCH,
> *Le Je-ne-sais-quoi et le presque-rien* (1981).

Admettre que « nous ne sommes pas nos comportements », c'est renoncer à condamner quelqu'un au simple regard de ses actes. Toutefois, ne pas le condamner ne signifie pas pour autant nier sa responsabilité. Il est évident que tout acte répréhensible doit être puni. Mais la punition ne doit pas annihiler l'espoir de changement ni même la dignité de l'individu. La punition, quand elle est juste, est censée venir laver la faute, non la « fataliser ». Nous ne parlons pas ici d'angélisme mais plutôt de respect de la nature et de la vie.

PERSONNAGE VS PERSONNALITÉ

Pour Guy Corneau, le comportement s'appelle le « personnage ». Ce psychanalyste et auteur québécois développe cette notion dans son ouvrage *Le Meilleur de soi.* À travers de nombreuses anecdotes vécues par lui et ses patients, il souligne la difficulté de quitter son personnage, d'abandonner certains comportements : « Le statu quo du personnage semble toujours plus important que le fait d'en sortir. C'est plus sécurisant (...) et évoque la résistance au changement. » Corneau propose de sortir de la dépendance à ce personnage en retrouvant son élan créateur.

Mais nous pourrions également emprunter à Carl Gustav Jung, célèbre psychanalyste suisse, son concept de « personnalité ». Développée au début du XXᵉ siècle, cette notion de personnalité guide nos préférences, notre inclinaison à choisir tel ou tel comportement plutôt qu'un autre. Jung définit, à travers ses travaux, des typologies de personnalité basées sur deux axes : l'intuitif/factuel et l'intellectuel/affectif. Ces axes régissent nos comportements mais ne nous qualifient pas dans notre être. La personnalité est le fruit d'un environnement et non le produit d'une nature.

Ce que je propose ici avec cette phrase, c'est une ouverture, une clé de lecture de soi et l'autre, un non-jugement.

Dans *Les Cinq Blessures qui éloignent de soi,* Lise Bourbeau va encore plus loin en écrivant : « Il n'y a pas de méchants, il n'y a que des souffrants. » En d'autres termes, si l'on est méchant, c'est parce que l'on souffre, non parce que l'on est simplement méchant. Il s'agit donc d'une réaction et non d'une action.

Le non-jugement n'est ni le laxisme ni l'absolution. C'est une invitation à une compréhension plus profonde de ce qu'est l'autre et non plus simplement de ce qu'il fait. Par extension :

Ne pas juger l'autre permet
de ne plus se juger soi-même.

Quel repos de l'âme que de cesser de se juger ! Fini le sentiment de culpabilité !

Faire du mal exige une réparation.

Le simple fait d'avoir conscience d'un comportement inadapté permet de rectifier ce dernier. Alors que, si l'on est jugé ou si l'on juge, la réparation est beaucoup plus difficile.

L'individu ne grandit que dans la confiance et l'espoir, et non dans la suspicion, la méfiance et la condamnation. Le jugement est alors le pire des poisons.

Nos comportements ne sont pas notre identité. Ils ne sont pas immuables, fort heureusement. Ils se forment, s'affirment, sont mis à l'épreuve, évoluent durant l'enfance et l'adolescence. Ils correspondent à des codes sociaux, à des héritages familiaux, à des défenses émotionnelles. Ce sont des conditionnements.

Nous sommes tous le fruit de notre éducation et la somme de nos choix.

Certains comportements sont censés nous protéger. En réalité, ils nous enferment, nous entravent. Parfois, ce sont les mêmes qui, en nous protégeant, nous enferment (lire « Se protéger du pire, c'est se protéger du meilleur », p. 27). Il ne tient qu'à nous d'en changer, tout au moins d'essayer. Et les bénéfices de ce changement sont la conscience, la connaissance de soi, le non-jugement et la responsabilité.

> « *Sans le pardon, nous resterions prisonniers de nos actes et de leurs conséquences.* »
>
> HANNAH ARENDT, in *La Condition de l'homme moderne* (Pocket, 1994).

Je me sens menacé(e) par l'attitude d'autrui, alors je l'agresse ?

Je m'évertue à répandre des bruits sur un de mes collègues, non par volonté de nuisance mais simplement par médisance, par volonté d'appartenir à un groupe ?

Je vole, je mens, j'agresse, j'insulte, je vandalise, par confort, facilité, réflexe ?

Je fume, je me drogue, je dévore, je me saoule, je me nuis de toutes les manières possibles et imaginables ?...

Je nie, je dénie, j'abandonne, je m'abandonne, je fuis, je démissionne plutôt que de reconnaître, affronter, assumer, soutenir ?

Tous ces comportements – parmi d'autres –, qu'ils soient négligeables ou remarquables, occasionnels ou réguliers, réactifs ou compulsifs me nuisent certainement mais ne me définissent pas. Ils me portent préjudice, moralement ou physiquement, mais en aucun cas ils ne condamnent définitivement ma dignité. Ils constituent vraisemblablement des signaux de détresse. Autant d'alertes qui m'informent sur la nécessité de changer, de me connaître, de me respecter pour vivre mieux, vivre en harmonie avec le monde.

C'est le propre de l'Homme que de vouloir s'améliorer, progresser. Mais faire évoluer ou changer un comportement peut être long et fastidieux. Certains sont tellement archaïques, tellement liés à notre inconscient !

Comment changer de comportement ?

Conscience et verbe

Pour commencer, il faut prendre conscience de son caractère nuisible puis mettre des mots sur cette nuisance. Cette prise de conscience peut nous être révélée par quelqu'un ou quelque chose d'extérieur, par une maladie, une introspection, une psychothérapie ou simplement par un mal-être persistant générant le questionnement. La majorité des gens ne changent que sous la contrainte et la nécessité. Pourquoi attendre ainsi d'être au pied du mur ? Pour la simple et bonne raison que changer fait peur.

Il est donc indispensable de s'interroger sur ce qui motive notre comportement, de comprendre quelles sont les croyances qui lui sont associées avant de pouvoir le changer. Tout comportement a une fonction – qu'elle soit utile ou néfaste –, et la connaître me permettra de mieux la maîtriser.

Il est important d'être motivé(e)
et de désirer vraiment s'engager envers soi.
Cela passe par des objectifs clairs et précis, atteignables
et mesurables.

Au début de ce processus, il est courant de subir des résistances, des freins inconscients qui nous incitent à croire que nous avons plus à perdre qu'à gagner. Ce phénomène est classique, il participe de la peur de l'inconnu. L'important est de ne pas se laisser abattre au premier échec. Et il y en aura, nécessairement. C'est en tombant qu'on apprend à marcher. De même, c'est en échouant qu'on apprend à changer.

> « *Le secret du changement consiste à concentrer son énergie pour créer du nouveau, et non pas pour se battre contre l'ancien.* »
>
> DAN MILLMAN,
> in *Le Guerrier pacifique* (J'ai Lu, 2009).

Les clés du changement

Le changement demande de la patience, de l'endurance, de la foi et, par-dessus tout, de la confiance. Il s'agit de toujours se rappeler les raisons qui nous ont poussé à vouloir changer et, pour tenir sur la longueur, d'entretenir la confiance dans notre capacité à vouloir changer.

En général, il faut compter entre six mois et un an pour assimiler un nouveau comportement, lequel devient de plus en plus fluide avec le temps et finit par s'inscrire en nous... pour autant que la volonté soit réelle et qu'on le pratique sans cesse.

Tous, nous avons des comportements dont nous sommes plus ou moins fiers. Voilà pourquoi il est important de ne pas s'identifier à eux ou d'en faire un porte-drapeau absolu de qui nous sommes vraiment. De même, par extension, il ne faut pas confondre autrui avec ses comportements.

Parce que le jugement impose la condamnation qui suscite enfermement et immobilisme, ce changement sera beaucoup plus difficile si l'on est jugé ou si l'on juge... il s'agit là d'un schéma mental extrêmement important (et néfaste) dont vous devez toujours avoir conscience !

AVOIR CONSCIENCE D'UN COMPORTEMENT INADAPTÉ
PERMET DE RÉPARER CE DERNIER.

Outil 4

Tout comportement a une fonction utile

Pour commencer...

Détendez-vous... respirez profondément par le ventre... je vous conseille de fermer les yeux un instant... laissez monter la phrase en vous en cérébralisant le moins possible... laissez-la résonner sans porter de jugement... laissez venir les images, les sensations, les idées sans vous y attacher particulièrement... notez ce qui en sort.

Une fois que j'ai compris que je n'étais pas forcément ce que je faisais, j'ai cherché à comprendre pourquoi je faisais une chose plutôt qu'une autre, quelles étaient les raisons profondes de mon comportement.

En réponse à ces POURQUOI, POUR QUOI et autres POUR QUOI FAIRE, j'ai obtenu des tas de PARCE QUE. Et ces PARCE QUE revêtaient tous des fonctions qui avaient un sens dans ma vie. J'ai enfin compris que chacun de mes comportements avait sa (ses) raison(s) d'être. Une prise de conscience à résonance multiple qui m'offrait dès lors la capacité de me pardonner, de dépasser certains de mes comportements inadaptés et d'en changer avantageusement.

Smoking or not smoking ?

Pourquoi je fume ? Pour quoi je fume ? Pour « quoi faire » je fume ?

Comme beaucoup, à l'origine, c'est un désir d'appartenance, d'adhésion à un certain code social qui m'a poussé vers la cigarette : je voulais être une de ces femmes libérées qui ne traversent pas dans les clous, qui font des excès, les assument et en tirent du plaisir. Ainsi, j'étais persuadée de trouver ma place, de me sociabiliser. Une manière pratique de se cacher et de se sentir protégée.

> “ *Je veux dire par congruence que tout ce que je ressens intérieurement est aussi ce que j'exprime. Je suis alors congruent, c'est-à-dire que je suis le même intérieurement et extérieurement, je suis cohérent.* ”
>
> CARL ROGERS, in *L'Approche centrée sur la personne* (Ambre, 2013).

Et l'alcool ?

Pourquoi je bois ? Pour quoi je bois ? Pour « quoi faire » je bois ?

D'abord, parce que c'est inscrit dans ma culture familiale. Chez moi, il est de tradition de boire à table un ou deux verres

ACCRO À LA CIGARETTE ?

Le tabac est une drogue dont la dépendance ramène à l'oralité.

L'oralité (ou stade oral) est une notion utilisée en psychanalyse, inventée par Sigmund Freud en 1905. Elle concerne la première période de la sexualité infantile, caractérisée par la concentration du plaisir autour de la bouche et particulièrement marquée par la succion et la morsure. L'enfant quitte ce stade lorsqu'il peut parler et exprimer ses besoins.

Pour beaucoup, fumer serait donc la source d'un plaisir archaïque et rassurant, équivalent au besoin de succion et au plaisir primaire qu'il réveille.

Qu'elles soient bonnes ou mauvaises, nos raisons de fumer ont le mérite d'exister. Je n'ai pas à les juger mais à les prendre comme une source d'enseignement sur moi-même. Pour l'instant, il n'est pas question de savoir si elles me conviennent ou pas. L'important n'est pas tant de juger de la pertinence de ce comportement que d'en envisager un autre plus en adéquation avec moi-même. Comprendre la fonction d'un agissement est beaucoup plus utile que de savoir s'il est bon ou mauvais, de le mesurer, de le juger.

de vin pour accompagner le repas. Plus largement, j'ai toujours « compris » qu'il était tellement « français » d'arroser les moments importants. Ensuite, j'ai appartenu à ce que l'on appelle la « jeunesse dorée », fruit d'une classe sociale aisée et adepte de l'alcoolisme mondain. Très rapidement, j'ai pris l'habitude d'anesthésier de cette manière certaines émotions douloureuses ou d'en magnifier d'autres plus agréables.

Je bois donc parce que mon environnement culturel m'y a habituée, encouragée.

À l'instar de la cigarette, l'alcool n'en est pas moins une drogue.

Et le mensonge ?

Pourquoi je mens ? Pour quoi je mens ? Pour « quoi faire » je mens ?

À la différence des deux points précédents, le mensonge n'est pas une drogue. Pourtant, il peut aussi devenir un réflexe comportemental qu'il convient alors de déjouer pour retrouver un bien-être personnel.

Au début, tous les enfants mentent pour créer leur identité en opposition aux parents. Il est donc important de considérer le mensonge comme constitutif de notre formation.

En grandissant, on peut se mettre à mentir par confort. Le mensonge peut éviter d'avoir à se confronter au jugement et aux questions d'autrui. Je peux mentir par honte de moi-même, de ma vie, de mes opinions, de mes goûts, de mes désirs... Mentir, c'est s'arranger avec la réalité pour qu'elle nous convienne mieux. On a tous connu quelqu'un qui s'est ingénié à « s'inventer » une vie trépidante pour camoufler une existence jugée trop terne. Ici, l'imagination se met au service d'un mensonge existentiel de grande ampleur, d'un déni absolu de soi.

Halte au jugement !

Il est important de réveiller notre état de conscience, seul moyen d'éviter le jugement, les croyances et les résistances qui ne sont que des obstacles à notre progression.

Établir le « pour quoi » d'un comportement – par le constat serein et l'analyse objective – donne lieu à un bénéfice très gratifiant tant du point de vue du bien-être que de l'équilibre.

« Si je pouvais faire autrement, je le ferais ! » J'ai tellement entendu cette phrase ! Et je l'ai tellement dite aussi !

C'est en voulant opposer un point de vue constructif à ce constat d'impuissance que j'ai compris l'importance de reconnaître l'utilité d'un comportement, particulièrement quand il est nocif pour soi et/ou pour les autres. Cette prise de conscience est le premier pas vers la possibilité de faire autrement.

ÉTUDE DE CAS

Face à moi, Nathalie, 32 ans, mariée.
« Je viens pour prendre ma place dans la vie ! »
J'entends à peine ce qu'elle me dit. Je le lui fais remarquer.
« À quoi vous sert de ne pas être entendue ?
— À ne pas être remarquée, me répond-elle d'une toute petite voix.
— À quoi vous sert de ne pas être remarquée ? »
Après quelques larmes...
« À être fidèle à mes parents, qui sont l'un et l'autre invisibles. »
Voilà une illustration parfaite de « timidité par conflit de loyauté ».

Dans ce cas, les parents n'ayant jamais pris eux-mêmes leur place socialement – pour des raisons liées à leur histoire respective –, Nathalie s'est trouvée empêchée dans son affirmation d'elle-même.

La timidité n'est pas un choix. Il ne s'agit pas d'une attitude délibérée. Elle semble s'imposer.

La bonne question à se poser est alors : « Pourquoi ai-je adopté (inconsciemment) un tel comportement ? »

Les réponses revêtent toujours les mêmes mots : pour éviter d'être vu, pour correspondre à l'attente de mes parents, à une attente sociale...

La raison d'un comportement appartient à l'histoire fondamentale de chacun mais, ce qui est certain, c'est que cette manière d'agir a une fonction « utile ». Laquelle ? Celle de se protéger des autres ou de soi-même ? Celle d'imiter une figure parentale ? Celle d'un rejet des règles et normes sociales ? Celle d'une dévalorisation personnelle ? D'un ego surdimensionné ? Ces raisons sont parfois « pour quelque chose » ou « pour soi » et parfois « contre quelque chose » ou « contre soi », « en réaction à » ou « pour la promotion de »...

J'ai pu constater qu'il était plus simple de renoncer à nos réactions de rejet/rébellion – « Je fais ça contre la volonté de ma mère, pour la provoquer... en réaction à l'autoritarisme de mon père, etc. » – qu'à des actions dites de promotion – « Je fais ça pour m'intégrer... pour me sentir plus en sécurité... pour éviter les conflits, etc. »

Le comportement est une interaction. L'individu agit parfois pour apaiser une sensation de pénibilité, voire de souffrance, face à l'action d'autrui ou pour atténuer son impuissance à satisfaire un besoin. Il s'agit d'une action qui vient satisfaire deux besoins fondamentaux de l'être humain : celui d'agir pour se sentir libre et se sentir vivre, et celui d'être aimé par les autres pour se sentir exister.

Les autres besoins psychiques les plus importants sont liés à la sécurité, la justice, l'authenticité, l'intimité, la diversité, le confort et la créativité. Pour ceux-là aussi, nous générons des comportements. Qu'ils soient nocifs, néfastes ou avantageux et profitables aux yeux des autres, il ne nous appartient pas de les juger. Dans tous les cas, ils sont « rentables », dans le sens où ils sont utiles, bénéfiques.

Mon comportement, aussi contraignant, aussi aliénant, aussi pénible soit-il, n'est pas la plupart du temps le fruit d'une décision mûrement réfléchie mais plutôt celui d'une stratégie de défense intérieure reliée à nos croyances.

Il est extrêmement important de comprendre – pour soi comme pour les autres –, d'une part que ce que nous faisons ne nous définit pas et, d'autre part, que nos actions – quelle que soit leur nature – nous servent, d'une façon ou d'une autre.

La privation, l'aliénation de nos comportements sans compréhension préalable, sans conscientisation, peut être fortement préjudiciable à l'individu, allant parfois jusqu'à générer des lésions psychosomatiques du type schizophrénie ou bipolarité.

Heureusement, comme nous l'avons observé précédemment, nous ne sommes pas des victimes prisonnières de nos comportements. Nous pouvons en changer avec du temps et de la persévérance. Comme le sportif s'entraîne de longues heures pour adapter ses muscles à sa discipline ou le musicien pratique indéfiniment pour assimiler un mouvement, un rythme, une dextérité, l'individu doit s'exercer avec détermination pour influer sur un comportement bien installé.

J'insiste sur le fait que la conscience et le non-jugement sont deux paramètres essentiels à la modification d'un comportement. Il s'agit ensuite d'agir « autrement » en toute conscience, de rompre l'habitude, pour pouvoir constater le recul du réflexe comportemental initial.

La notion d'utilité nous ouvre à un regard bienveillant sur nous-mêmes et sur les autres.

IL N'EST JAMAIS VAIN DE BIEN SE TRAITER.

Outil 5

On valide toujours ses croyances

Pour commencer…

Détendez-vous… respirez profondément par le ventre… je vous conseille de fermer les yeux un instant… laissez monter la phrase en vous en cérébralisant le moins possible… laissez-la résonner sans porter de jugement… laissez venir les images, les sensations, les idées sans vous y attacher particulièrement… notez ce qui en sort.

J'ai entendu cette phrase pour la première fois lors de ma certification de coach. Elle m'a fait l'effet d'un électrochoc. Non pas que je découvrais le concept même, mais elle m'apparaissait enfin dans toute son évidence. Par la suite, cette phrase est devenue un pilier de ma compréhension de moi-même et des autres. Tous ceux qui me côtoient la connaissent. Elle est la clé de l'INTELLIGENCE RELATIONNELLE.

Nous avons tous un certain nombre – et même un nombre certain – de croyances. Tout d'abord, il convient de définir ce qu'est une croyance dans ce contexte.

Une croyance, c'est ce que l'on CROIT par opposition à ce que l'on VOIT et à ce que l'on SAIT.

Croyance ou vérité ?

Ainsi, ce que l'on croit n'est pas, par définition, forcément tangible ni vérifié. Une croyance est l'une des pièces maîtresses d'un échafaudage construit sur une interprétation ou une transmission. Nous nous référons à des croyances psychologiques et individuelles.

Par exemple, je suis dans la rue et je croise une amie, laquelle passe son chemin sans me saluer. Je crois alors qu'elle n'a pas envie de me voir. Pourtant, je ne sais rien des véritables raisons. Elle ne m'a peut-être pas vue et a traversé parce que ce chemin lui semblait plus court, plus agréable… Les explications sont multiples.

La croyance est l'explication que nous construisons pour comprendre tout ou partie de ce qui nous arrive. Il s'agit d'une interprétation de la réalité qui devient alors notre vérité et non LA vérité.

Les croyances se construisent tout au long de notre vie, et ce, depuis notre plus petite enfance. Certaines ont d'ailleurs des origines si anciennes, tellement antérieures à notre naissance, qu'il nous est impossible d'en retrouver la source. Elles nous sont alors transmises par une figure parentale.

Par exemple, ma mère croit qu'on ne peut faire confiance à personne ? Il se trouve que j'en suis moi-même persuadée. Mon père croit que ça ne règle rien de parler de ses problèmes ? Je crois exactement la même chose… Tout comme l'on sait instinctivement que le feu brûle, on finit par croire qu'il faut se méfier de tout le monde ou que parler de ses problèmes ne fait que les envenimer.

Nombre de croyances nous sont ainsi léguées par nos parents ou autres figures tutélaires. Et quand elles s'installent durant l'enfance, elles s'enfouissent tellement profondément qu'elles finissent par nous sembler naturelles et parfaitement justifiées.

Par exemple…

- Pourquoi aurais-je le sentiment d'être rejeté(e) si ce n'est parce que je ne mérite pas d'être aimé(e) ?

- Pourquoi aurais-je la sensation que les autres se moquent de moi si ce n'est parce que je suis gros(se)… ?

- Pourquoi croirais-je autre chose que mes parents puisque je leur fais confiance sur tout ce qu'ils m'enseignent… ?

• Pourquoi aurais-je la sensation de ne pas comprendre ce que les autres attendent de moi si ce n'est parce que je ne suis pas intelligent(e) ?

Les croyances sont un prisme

L'ensemble de nos croyances – qu'elles soient conscientes ou inconscientes – constituent les principaux fondements de nos comportements.

Si je crois qu'il faut plaire pour être aimé(e), j'injecte naturellement une attitude de séduction dans mes relations quotidiennes. Si je suis persuadé(e) que les émotions sont l'apanage des faibles, cela peut conditionner un comportement très contrôlé dans ma vie de tous les jours. Si je crois que je ne mérite pas d'être aimé(e), je peux me sentir perpétuellement insatisfait(e) par l'amour de l'autre. Si je crois que je ne suis pas intelligent(e), cela peut générer toutes sortes de complexes intellectuels. Si je crois que je suis gros(se), cela peut conditionner des troubles des comportements alimentaires...

L'inconscient enregistre nos croyances, construit des règles de lecture existentielle et nous fait agir de sorte à toujours les vérifier. Rien de plus logique, d'ailleurs. Bonnes ou mauvaises pour nous, justifiées ou injustifiées, nous avons besoin de justifier ces croyances. Sans ce mécanisme, nous serions dans l'incapacité de comprendre pourquoi telle ou telle chose nous arrive.

Par exemple, si je me sens abandonné(e) à l'occasion de l'échec de mon couple, c'est bien parce que je ne mérite pas d'être aimé(e)/ je ne suis pas fait(e) pour aimer/je ne peux compter que sur moi..., etc. Sinon, pourquoi ? Ou encore, si je constate lors d'une soirée chez des amis que personne ne m'écoute, c'est bien parce que je ne suis pas intelligent(e)/ je suis moche/je n'ai aucun charisme..., etc. Sinon pourquoi ?

De la croyance à la prise de conscience

Il est tellement plus simple de se laisser porter par ses grilles de lectures, ses croyances. Car tout se complique lorsque l'on prend conscience – enfin ! – que telle certitude – que l'on croyait imparable, indéboulonnable, gravée dans le marbre – n'est qu'un frein à notre bonheur. Cette prise de conscience est salutaire, mais qu'il est difficile de renoncer à cette croyance – ou simplement de la faire évoluer ! Nous nous retrouvons alors en proie à ce que l'on nomme des « résistances », des parades générées par l'inconscient, qui a précisément horreur du changement.

Ainsi, si je prends soudain conscience que parler de mes problèmes peut m'être bénéfique, alors que je croyais jusqu'alors le contraire, je vais trouver maintes raisons de ne pas le faire : manque de temps, manque d'interlocuteurs, manque de conviction... Toutes ces raisons m'apparaîtront alors comme fortuites mais tout à fait légitimes. Sauf que c'est mon inconscient qui les aura placées là afin que je continue à m'accrocher à cette bonne vieille croyance.

Prendre conscience que « nous validons toujours nos croyances » revient à comprendre que nos actes et nos pensées ne sont pas posés par hasard et que le changement voulu ne se fera qu'au prix d'une vigilance, d'une rigueur et d'une endurance de tous les instants.

Renoncer à une croyance procède du même principe qui préside à l'évolution d'un comportement. On part toujours de la prise de conscience et du non-jugement ; on se doit d'être compréhensif envers soi. Puis, comme le sportif qui trouve dans l'entraînement matière à se dépasser, il ne se passe pas une journée sans confrontation avec ses croyances, ses doutes, ses résistances.

Il en va ainsi pour chacun de nous.

Comment identifier les croyances qui fondent nos comportements ? Comment mettre le doigt sur celles qui sont « limitantes », celles qui restreignent notre façon de voir et vivre les choses, celles qui freinent nos processus de satisfaction et d'épanouissement ?

Identifier ses croyances

Procédez par un mécanisme de questionnement graduel :

1. **Questionnez vos comportements** dans les différents domaines de la vie quotidienne (travail, communication avec les autres, couple, santé...).

Ainsi, imaginons que vous ressentiez une réelle difficulté à prendre la parole en public. À l'occasion d'un moment de détente et de calme, interrogez-vous de la manière suivante :
« Qu'est-ce qui m'empêche de prendre la parole en public ? » (Remettez-vous mentalement dans un contexte précis, concret et vécu.)

Quelques réponses possibles : « J'ai peur que mon propos ne soit pas pertinent/que d'autres connaissent le sujet mieux que moi/d'avoir tous les regards braqués sur moi/de bafouiller/d'être ridicule... »

Voilà où se nichent vos croyances. Dès lors, reformulez vos réponses en commençant par « Je crois que... », « Je crois que ce que j'ai à dire n'intéresse pas les autres, alors je préfère me taire plutôt que d'éprouver une sensation de rejet... », « Je crois que les autres vont me juger, me critiquer »...

2. **Maintenant, poursuivez votre questionnement** en vous demandant : « Pourquoi ai-je si peur d'être ridicule ? Pourquoi ai-je peur de n'être pas intéressant ? d'être critiqué ?... »

Quelques réponses possibles : « Parce que je n'aime pas ma voix/ je ne me crois pas intelligent(e)/je n'aime pas être au centre de l'attention/telle expérience précédente m'a traumatisé(e)... »

3. **À ce stade, l'important est d'aller toujours plus loin**, plus profond dans votre interrogation, au plus près de la source de votre comportement.

Questions : « Pourquoi je n'aime pas être au centre de l'attention ? Pourquoi je n'aime pas ma voix ? Pourquoi je ne me sens pas intelligent(e) ? »

Quelques réponses possibles : « Parce que je n'avais jamais la parole chez moi/personne ne m'écoutait à la maison/ma mère m'a dit que ma voix était nasillarde, fluette.../mon père me dit toujours que je ne dois parler que lorsque je suis absolument sûr(e) de moi... »

4. **Vous ne parvenez pas à rester en couple très longtemps ?** Vous tombez malade régulièrement ? Vous avez peur de la mort ? Le processus d'interrogation reste le même pour déterminer les croyances qui tissent ces mécanismes comportementaux.

5. **Répondez à votre questionnement sans jugement** !!!

6. **Interrogez-vous pour savoir** si vous êtes vraiment prêt(e) à abandonner votre croyance.

Sans jugement ni réfutation de son rôle antérieur, accueillez cette croyance comme telle et portez-y toute la lumière nécessaire. En mettant le doigt dessus, vous êtes prêt(e) à décider de vous en débarrasser ou de la faire évoluer dans le bon sens.

Soyez vigilant(e) !

Si vous êtes prêt(e), dès lors, un travail fait d'attention et de vigilance s'instaure. Vous y parviendrez si votre volonté de changement est forte et si votre conscience est mobilisée. Désormais, grâce à ce nouveau regard, vous acceptez de prendre un nouveau départ et de vous donner d'autres prismes de lecture de votre vie.

Inspirez-vous !

Vous pouvez aussi observer comment s'y prennent ceux qui savent faire ce que votre croyance vous empêche de faire, non plus pour vous dévaloriser mais pour vous en inspirer : « Comment font-ils pour être aussi éloquents ? Comment font-ils pour être aussi sûrs d'eux ?

Demandez-vous quelle(s) croyance(s) les habitent, quelle(s) croyance(s) est/sont associée(s) à ce comportement qui vous fait défaut.

Battez-vous !

Préparez-vous à défier votre petite voix intérieure chaque fois qu'elle fera entendre sa petite musique humiliante. Il faudra vous battre ! « Non, je ne suis pas bête, moche, moins intéressant que les autres comme je le croyais encore hier… ! »

C'est là que votre travail instrospectif entre en piste, car vous vous souviendrez de ses conclusions et notamment des circonstances dans lesquelles s'est formée cette croyance (enfance, traumatisme…). Ainsi identifiée et reconnue, vous n'aurez plus qu'à la mater ! *Parce que le patron, c'est VOUS !*

Vous pouvez alors définir une nouvelle croyance, positive celle-là, formulée au présent et exprimée de manière franche, dynamique et impliquante : « À partir de maintenant, je crois que je peux changer… » ou « Je crois que j'agis de mieux en mieux… » ou « Je crois que je gagne de plus en plus en confiance »…

Plus concrètement encore : « Je crois que personne ne m'aime » pourrait devenir « Je crois que je peux être aimé à partir de maintenant », ou « Je crois que les autres ne me comprennent pas » pourrait se transformer en « Je crois que je peux me faire comprendre des autres en m'y prenant différemment... »

Choisissez une phrase qui vous convient, une formule dont vous ressentez intérieurement et puissamment les bienfaits.

TRANSFORMER SES CROYANCES

En résumé, pour se libérer, il faut :

• Identifier ses croyances dans tous les domaines de la vie (couple, famille, santé, enfants, travail...)

• Interroger ce que l'on veut vraiment : « Est-ce que je veux vraiment que cette idée continue à guider ma vie ? Suis-je prêt à en changer ? »

• Reprendre chaque croyance négative et la transformer/formuler de façon positive, au présent et de manière à ce qu'elle implique une progression et une action de ma part.

• Enfin, comme toujours, il faut pratiquer ce processus de transformation le plus régulièrement possible. Au réveil, reliez l'ancienne croyance négative à la croyance positive qui vous intéresse. Faites de même à tout moment nécessaire de la journée, ainsi qu'au coucher.

La répétition est la clé !

« *Ils peuvent parce qu'ils croient pouvoir !* »

VIRGILE, in *L'Énéide* (Folio, 1991).

Il faut compter quelques semaines pour faire évoluer une croyance et les comportements liés. Rien n'est jamais acquis, mais c'est en forgeant qu'on devient forgeron.

NOS CROYANCES, CONSCIENTES OU INCONSCIENTES, SONT LE SOCLE DE NOS COMPORTEMENTS. VOUS EN ÊTES LES ACTEURS. CHOISISSEZ VOTRE RÔLE !

Outil 6

Qui n'avance pas recule

Pour commencer...

Détendez-vous... respirez profondément par le ventre... je vous conseille de fermer les yeux un instant... laissez monter la phrase en vous en cérébralisant le moins possible... laissez-la résonner sans porter de jugement... laissez venir les images, les sensations, les idées sans vous y attacher particulièrement... notez ce qui en sort.

La vie est mouvement. Le temps est relatif. À la seconde où je prends conscience de l'instant présent, il est déjà passé. Tout est inscrit dans un processus d'évolution, l'homme, son environnement et toutes les espèces. La vie EST évolution.

La pensée évolutionniste imprègne tous les domaines de la biologie ainsi que les sciences de la Terre et de l'univers. Comprendre le monde au travers de l'évolution conduit à voir et penser autrement. Voilà sans doute pourquoi cela ne plaît pas toujours !

Pourquoi ? Parce que l'immobilisme rassure. Ce que l'individu connaît le conforte, le réconforte. L'inconscient, le premier, déteste le changement. Il adore le contrôle et on ne contrôle bien que ce que l'on connaît. Sans parler de l'ego, qui aime s'approprier ce qu'il connaît (mon... ma... le mien... à moi) mais craint l'inconnu et tout ce qui pourrait remettre en cause ses croyances.

Tout avance, tout évolue. Celui qui observe ce mouvement sans s'y inclure lui-même recule immanquablement par rapport au Tout.

Il faut régresser pour avancer

Non seulement « qui n'avance pas recule » mais qui progresse doit obligatoirement reculer pour assimiler.

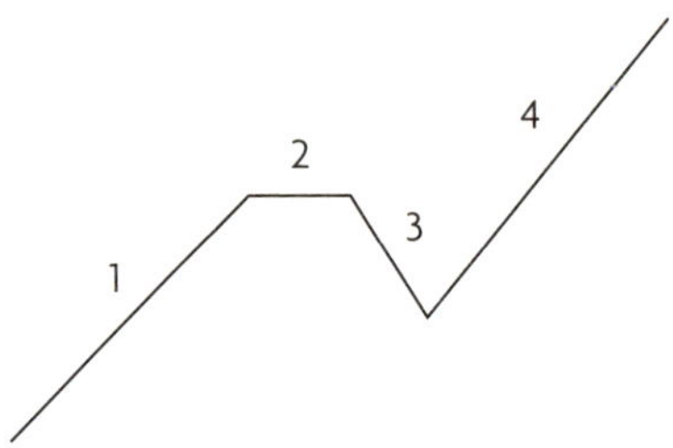

1 Apprentissage	2 Plateau	3 Régression	4 Progression

Schéma de la progression

Alors que nous voudrions progresser, nous connaissons tous lors de notre apprentissage, des phases moins agréables. Ces plages de stagnation (plateaux) et de régression sont nécessaires à l'évolution naturelle de l'assimilation. « Il faut oublier sept fois pour retenir », dit un proverbe chinois...

Le schéma de la progression ci-contre induit l'idée suivante : avancer n'est pas qu'une question de mouvement, d'espace, de mettre un pied devant l'autre, c'est également s'avancer vers soi, vers « le meilleur de soi[1] ». C'est mettre de la conscience (partout ! tout le temps !) – du latin *con scire*, qui signifie « savoir avec » –, cette fameuse conscience qui insuffle la connaissance d'être, de faire et d'avoir.

C'est ce que Carl Gustav Jung a appelé le PROCESSUS D'INDIVIDUATION, à savoir la démarche de recherche de l'épanouissement personnel, un cheminement vers la découverte de soi consistant à se demander si notre vie nous ressemble, si nos actes sont en accord avec nos valeurs. De son côté, Spinoza théorise le bonheur en le rendant intrinsèquement lié à la réalisation de sa nature profonde.

> « *Celui qui ne progresse pas chaque jour recule chaque jour.* »
>
> CONFUCIUS, in *Préceptes de vie* (Folio, 2005).

Toute évolution de l'être repose sur l'intégration d'une contradiction, d'un paradoxe, d'une part d'ombre qui, reconnue, s'éclaire et se dissipe. Ce travail de conscience n'est pas sans effet sur le mouvement lui-même : il crée entre le problème et soi une distance qui va permettre au processus de s'enclencher.

---

1. Titre d'un ouvrage de Guy Corneau. La plupart des ouvrages de cet auteur (essayiste et psychanalyste jungien) québécois sont disponibles chez Robert Laffont.

Ne pas s'améliorer revient à régresser

S'arrêter fait chanceler, alors qu'avancer maintient l'équilibre. Aller de l'avant, c'est accepter le mouvement naturel de la vie, c'est refuser de se contenter d'attendre, de vivre dans un confort qui immobilise, avilit et ramollit.

Avancer, c'est intégrer le mouvement.

En somme, ce que nous exprimons là vient répondre à tous ceux qui se demandent pourquoi faire un travail sur soi, pourquoi se poser des questions, pourquoi voyager, pourquoi avoir de l'ambition...

Pourquoi ? Simplement pour ne pas regretter, à la toute fin, de ne pas avoir découvert de terre inconnue, d'avoir pensé que nous étions seuls, d'avoir fui les rencontres, d'avoir refusé de s'ouvrir aux autres, d'avoir refusé de se connaître.

> “*En vérité, la soif de confort assassine la passion*
> *de l'âme et va en ricanant à son enterrement.*
> *Aller de l'avant, c'est refuser la facilité des acquis*
> *pour le risque de l'inconnu.*
> *Aller de l'avant, c'est refuser « la rouille ».*”

KHALIL GIBRAN, in *La Voix de l'éternelle jeunesse. Le Voyage du maître à Venise* (Éditions 84, 2006).

J'aime la phrase de Winston Churchill – « Mieux vaut prendre le changement par la main avant qu'il ne nous prenne à la gorge » –, qui nous invite à choisir, à assumer et à anticiper le changement plutôt que d'y être confronté de force.

Avancer, changer, évoluer concernent tous les domaines de la vie (professionnel, personnel, sentimental...). Prenons le couple, par exemple. Il y a un vrai danger à ne pas avancer. Être deux implique de vivre un rythme différent, chacun le sien. Ça implique de ne pas se perdre de vue, de ne pas laisser la distance se creuser[1].

La vie nous invite au mouvement en permanence. Parfois, elle va même jusqu'à nous l'imposer en nous confrontant à des événements perturbants, qu'ils soient agréables ou désagréables. Il s'agit alors de saisir toutes les opportunités de découvrir de nouvelles choses, de nouvelles personnes, de nouveaux concepts, de nouvelles idées. Il faut accueillir !

Nous sommes nos propres architectes !

1. Cette dynamique me semble parfaitement rendue – et de manière très poétique – par la chanteuse Mannick dans sa chanson *Je connais des bateaux* (in l'album *Le Temps de l'amour*, 1994).

Les cinq phases du mouvement vers soi

• Il y a d'abord LA PHASE DE CONSCIENCE...
Il s'agit d'un éclairage, d'une photographie en l'état – ici et maintenant – de ce qui est dans un (ou tous) domaine(s) de vie (personnel, professionnel, famille, couple et amis). C'est un état des lieux, un examen de conscience qui doivent impérativement se départir de toute forme de jugement.

Après verbalisation (écrite ou orale), nous entrons dans...

• LA PHASE DE RÉVÉLATION...
Avec ce diagnostic, j'ai alors un aperçu de mon fonctionnement interne, une cartographie imparfaite mais suffisante pour me comprendre et saisir mes points d'amélioration.

Vient ensuite...

• LA PHASE D'EGO...
Ici, par peur de l'inconnu et du changement, l'inconscient tente de réimposer ses réflexes comportementaux. À juste titre, pourrait-on dire, puisque ceux-ci n'avaient d'autre objectif à l'origine que de nous protéger, même s'ils ont fini par nous aliéner. Ce « coup de gueule » de notre inconscient s'appelle « résistance ». L'individu se sent alors sous la contrainte et le comportement qui s'était amélioré semble faire machine arrière, plus solide que jamais.

• Cette phase d'ego est donc suivie par une PHASE DE RÉGRESSION qui brandit son armada de résistances comme seule défense contre votre dynamique de changement. Cette remise en question de ses mécanismes bien rodés, de son processus de fonctionnement pousse à un processus de repli, de déni. Ce qui s'était amélioré non seulement se durcit mais finit par se dégrader.

• Mais il ne peut y avoir de PHASE DE STABILISATION sans régression, car il faut oublier pour apprendre. En effet, même si l'inconscient tente de reprendre le dessus – et y parvient –, ce n'est pas définitif. Il ne fera pas oublier ce que vous avez acquis lors de la phase de révélation. Vous en gardez l'empreinte, et lorsque vous serez prêt, vous mettrez cet enseignement en pratique pour mieux avancer et changer définitivement.

Tout apprentissage humain s'accompagne nécessairement d'une phase de rejet et de régression qui correspond à la montée des résistances enclenchées par l'inconscient, soucieux de protéger son territoire.

Question de volonté

Pour avancer et évoluer, il faut avoir préalablement renoncé aux mécanismes, aux croyances qui ont été utiles dans le passé, en avoir fait son deuil et ne plus avoir de certitudes. À la manière de Socrate : « Je ne sais qu'une chose, c'est que je ne sais rien. »

Le mouvement est toujours la résultante d'une pulsion – urgence, survie, crise existentielle, questionnement... –, et c'est souvent lorsque nous sommes acculés au changement que le mouvement s'amorce.

Le premier pas est nécessairement volontaire. Pour cela, il est indispensable de se fixer un objectif, d'indiquer une direction à notre mouvement. Ensuite, l'important est que nous prenions un engagement envers nous-même (ou un tiers) pour nous pousser à des actions concrètes allant dans le sens de cet objectif.

Pour aider à cerner ces objectifs, je conseille souvent la lecture de la liste des quêtes proposée dans *Le Jeu du Tao*[1] : Me réaliser dans ma profession/Changer de métier/Jouer d'un instrument/Trouver ma créativité/Mieux communiquer/Fonder une famille/Réussir mon divorce/Vivre dans la joie/Être bien dans ma peau...

ALLER DE L'AVANT, C'EST REFUSER LA FACILITÉ DES ACQUIS POUR LE RISQUE DE L'INCONNU.

1. taovillage.com

Outil 7

Le bonheur s'arrête à la porte de la comparaison

Pour commencer...

Détendez-vous... respirez profondément par le ventre... je vous conseille de fermer les yeux un instant... laissez monter la phrase en vous en cérébralisant le moins possible... laissez-la résonner sans porter de jugement... laissez venir les images, les sensations, les idées sans vous y attacher particulièrement... notez ce qui en sort.

Ne regarde pas dans l'assiette du voisin ! me disait ma mère lorsque nous étions à table. Je me souviens de cette sensation d'injustice quand je lorgnais l'assiette de mes grands frères, bien mieux garnie que la mienne – à juste titre, compte tenu de leur âge plus avancé et de leurs besoins.

Comparaison n'est pas raison

L'esprit se repaît de la comparaison : « Elle est plus jolie que moi ! », « Il a mieux réussi dans la vie… », « Il gagne plus… », « Elle est plus aimée… »

Les scientifiques affirment que ce que le cerveau compare visuellement nous induit toujours en erreur. Distances, quantités et volumes diffèrent selon la perception. En termes psychologiques, le processus de comparaison repose sur un sentiment d'injustice et engendre, la plupart du temps, frustration et jalousie. C'est un poison.

On pense souvent que « l'herbe est plus verte ailleurs », mais une fois sur l'autre rive, rien n'a changé. La comparaison n'est pas satisfaction. Le bonheur réside en soi. Toute interaction extérieure, quelle qu'elle soit, peut donner lieu à de « bons moments ». Le bonheur n'est constitutif que de notre façon d'envisager les choses, mais aussi de notre propre ressource. Il est intimement lié à notre capacité à pouvoir l'engendrer, selon nos propres moyens.

Le bonheur d'être soi

Je ne peux penser au bonheur que si je peux m'en rendre acteur. Il est structure et non conjoncture – plus lié à là d'où l'on vient (structure) qu'à là où l'on est (conjoncture) –, rémanent et non fugace, et surtout, il est ce qui reste quand la cause, elle, a déjà disparu.

Le bonheur est quelque chose de durable, imprimé, ancré. C'est un état d'être qui appartient à une décision ; une fois que j'ai compris les recettes du bonheur pour moi, je dois prendre la décision de l'ancrer durablement. Les conditions de mon bonheur ne sont pas celles des autres. Si je m'attache à celles des autres, je suis sûr de ne pas trouver le mien.

Le réflexe de comparaison a pour effet de nous décentrer, de nous éloigner de nous-même et des conditions de notre bonheur.

> “ *Ne se sentir heureux que par comparaison, c'est se condamner à n'être jamais vraiment heureux, car il faut toujours se démener pour rejoindre ou pour dépasser quelqu'un.* ”
>
> GUSTAVE THIBON, in *Diagnostics. Essai de psychologie sociale* (Médicis « Civilisation », 1942).

Revenir à soi

N'oublions pas qu'ici-bas il y aura toujours quelqu'un de plus grand ou de plus petit que soi. Alors, à quoi bon comparer lorsqu'il suffit de se réjouir de nos différences ?

En me comparant, je m'éloigne de moi,
de ma source de satisfaction, de ma richesse,
de ma lumière.

Les seules questions qui m'importent doivent être : « Qu'ai-je d'unique ? Qu'est-ce qui fait ce que j'ai aujourd'hui ? De quoi suis-je porteur ? Que suis-je en mesure d'apprendre de moi en regardant l'autre ? Que suis-je en mesure de donner à l'autre qu'il n'ait pas déjà ? » Sans oublier la question miroir : « Qu'est-ce que l'autre a d'unique et que je n'ai pas à lui envier ? »

Oui, cette démarche est porteuse de joie, de bonheur. Elle l'est, parce qu'elle s'appuie sur la différenciation et non sur la comparaison.

ÉTUDE DE CAS

Robin, 16 ans...

« Pourquoi j'ai des boutons ?... Pourquoi on préfère Benoît ?... Pourquoi Léa est amoureuse de Thomas et pas de moi ?... Pourquoi je ne suis pas aussi populaire que Yann ?...

— Tout questionnement ne se rapportant pas à toi mais à quelqu'un d'autre que toi n'est pas valable. La seule source de bonheur qui soit est de te reconnaître comme unique et singulier et de te rendre responsable et acteur de ce que tu vis... »

Outil 8

Le corps des enfants raconte l'histoire des parents

Pour commencer...

Détendez-vous... respirez profondément par le ventre... je vous conseille de fermer les yeux un instant... laissez monter la phrase en vous en cérébralisant le moins possible... laissez-la résonner sans porter de jugement... laissez venir les images, les sensations, les idées sans vous y attacher particulièrement... notez ce qui en sort.

Cette phrase peut surprendre au premier abord. Prenez le temps de la sentir, de l'appréhender, de la faire résonner. Elle traite de l'atavisme familial.

Famille, je vous hais(me)

Elle s'est imposée à moi il y a de cela une dizaine d'années. À l'époque, je me familiarisais avec les domaines scientifiques traitant de la transmission génétique de l'émotion, ainsi qu'avec divers sujets tels que les liens transgénérationnels, les syndromes d'anniversaire, les secrets de famille, etc.

Il m'est alors apparu comme essentiel, dans mon travail, d'inscrire l'histoire de l'individu dans son « arbre » psychogénéalogique. Que nous révèle cette précieuse discipline ? Que chacun de nous est un maillon d'une chaîne générationnelle et que certains – pour ne pas dire tous – paient les dettes de leurs aïeux.

Nous parlons ici bien entendu de dette inconsciente, de celle qui prend corps dans un événement ou un traumatisme, se transforme en secret refoulé et non-dits, et se transmet à la descendance, génération après génération, comme une signature spécifique, un héritage néfaste dont on ne peut se débarrasser – quand on le peut – qu'au prix d'un processus complexe.

Émile Zola abordait déjà cette notion dans sa saga des *Rougon-Macquart ou Histoire naturelle et sociale d'une famille sous le Second Empire*, dans laquelle il avançait l'hypothèse de la transmission héréditaire d'une tare – l'alcoolisme – sur cinq générations de ses personnages. Mais plutôt que de tare, nous parlerons ici de dette émotionnelle, une dette qui s'exprime le plus souvent sous la forme d'un sentiment dévalorisant jamais conscientisé.

Portrait craché

Chantal Rialland parle de « loyauté familiale invisible »[1] pour définir une sorte de mécanisme de fidélité inconsciente, une tendance à reproduire un comportement parental ou à s'y opposer – ce qui revient au même puisque le référent est identique.

Par exemple, j'ai une mère alcoolique, donc je le suis moi-même ou, à l'inverse, je refuse catégoriquement de boire une goutte d'alcool... J'ai des parents trop autoritaires, donc je le suis devenu moi-même avec mes enfants ou, au contraire, j'ai sombré dans un profond laxisme... J'ai un père violent, donc je le suis moi-même avec ma progéniture ou, par opposition, j'ai préféré m'abstenir de tout contact avec eux, etc.

La liste des exemples est longue, et je ne doute pas que vous ayez, quelque part, une illustration personnelle à ajouter.

Dans ce cadre, notre phrase – « Le corps des enfants raconte l'histoire des parents » – prend une signification et une portée plus nettes. Car, de fait, dans une logique de loyauté familiale totalement inconsciente et poussée à l'extrême, certains enfants vont même jusqu'à afficher les stigmates des dettes parentales sur leur corps. On a ainsi observé que nombre d'enfants atteints de dysfonctionnement de la thyroïde avaient des parents ayant

1. Lire *Cette famille qui vit en nous* (Marabout, 2013).

subi un étranglement, intensément vécu une sensation d'étouffement ou eu à taire délibérément quelque chose de lourd.

Ce que la gorge des parents a eu à souffrir,
la gorge des enfants le raconte.

ÉTUDE DE CAS

Sylvie, 26 ans, vient pour régler ses problèmes de dépendance, notamment à la cocaïne. Elle évoque immédiatement son environnement familial et éducatif, et souligne la propre dépendance de sa mère.
« Je ne suis pas sûre que toutes vos dépendances vous appartiennent.
— C'est pourtant bien moi qui les vis !
— Il n'est pas question de vous rendre victime de vos comportements, vous en êtes bien responsable mais vous pouvez par ailleurs en avoir hérité…
— Oui, effectivement, ma mère a une forte dépendance à l'alcool.
— Pouvez-vous demander à votre mère quand et pour quoi est née sa dépendance ? »

À la séance suivante…
« Ma mère m'a avoué avoir subi un abus de la part de son oncle à l'âge de 19 ans, suite à quoi elle s'est mise à boire démesurément…
— Et à quel âge a commencé votre propre dépendance à la cocaïne ?
— … À l'âge de 19 ans ! »

Maux en héritage

De même, certains recoupements ont révélé que beaucoup d'enfants souffrant d'anisme – difficulté à relâcher les sphincters anaux pour déféquer ; très pénible pour celui qui la subit, cette pathologie peut se révéler grave selon son intensité – avaient des parents ayant subi un abus sexuel et l'ayant occulté. Ici, l'enfant ne peut se soulager car il retient les maux de ses parents et s'en intoxique.

Autres exemples...

Il est intéressant de constater combien nombre de boulimiques ont eu une mère – car dans la plupart des cas, il s'agit de la mère – anorexique = le corps de l'enfant boulimique vient nourrir celui de la mère.

Combien de cancers révèlent des problématiques familiales ? = cancer de la peau pour des enfants dont les parents ont souffert d'absence de caresses ; cancer qui se pose sur le visage pour des enfants dont les parents ont souffert de perte ou de rejet d'identité...

Combien d'ulcères précoces pour les enfants dont les parents souffrent d'anxiétés profondes ?

Il n'est pas question pour moi ici de diaboliser la transmission émotionnelle, mais plutôt d'offrir un autre axe de lecture à certaines de nos souffrances physiques qui rejaillissent sur nos enfants. Un axe d'autant plus intéressant qu'il offre une possibilité de guérison.

Dire pour guérir

En effet, quand ces révélations sont admises, que ces maux sont mis en conscience, il « suffit » que le parent raconte, admette, verbalise, mette des mots sur ses propres maux pour que l'enfant soit soulagé et entame sa guérison. Je mets le verbe suffire entre guillemets car il est évident qu'il n'y a rien de simple dans cette démarche ; elle est éminemment salvatrice mais forcément douloureuse.

> “ *L'enfant a toujours l'intuition de son histoire. Si la vérité lui est dite, cette vérité le construit.* ”
>
> FRANÇOISE DOLTO.

Effectivement, la vérité construit quand elle est partagée et acceptée, quand les non-dits sont révélés.

Lorsque l'enfant la ressent et qu'elle est en contradiction avec le discours général qui lui est fait, il y a scission entre son corps et son esprit... Son esprit intègre la version officielle tandis que son corps porte seul la version véritable en gardien de mémoire affective.

Le cerveau intégrant le symbolique comme s'il s'agissait de la réalité physiologique des choses, toute situation conflictuelle et même psychologique est interprétée et traduite somatiquement par lui : COMME SI équivaut à C'EST. L'intention est plus forte que le message. Prenez un enfant à qui l'on hurle « je t'aime » avec agressivité, il n'entendra pas le message d'amour mais se fixera sur l'agressivité.

Nous sommes des êtres d'intuition. Voilà pourquoi l'enfant perçoit parfois des choses subliminales, notamment liées à la vie de ses parents. Pour lui – pour son bien et son épanouissement –, il est nécessaire de le libérer par la vérité et la parole, plutôt que de le laisser se construire ses interprétations et ses croyances en réponse au poids du secret.

En finir avec les secrets

D'où l'importance de raconter « son histoire » à sa descendance, d'en transmettre la mémoire sans secret et sans mensonge, de libérer les mots et les maux qui s'y rattachent.

Le secret n'est pas forcément conscient. À l'instar du mensonge, il a pour vocation de dissimuler certains actes, faits ou troubles. Le simple fait qu'il revête une réalité difficile (une honte, un conflit non résolu...) – parce que source de souffrance – peut expliquer son déni. Et c'est dans ce cas précis que le descendant va en hériter émotionnellement et/ou physiquement. La somatisation est alors l'expression d'un programme automatique de survie ; c'est une alarme, un avertissement, qui attire notre attention sur une situation fondamentale dont il faut se soucier avant qu'elle ne s'aggrave.

Pour relier la psychobiologie avec la psychogénéalogie, je me permettrais humblement de reprendre la phrase de Jacques Salomé (*Si je m'écoutais vraiment, je m'entendrais*) en la nuançant quelque peu : « Les maladies sont des langages symboliques avec lesquels nous tentons d'exprimer à un entourage significatif nos sentiments réels, nos conflits, nos séparations [*ou celles et ceux de nos aïeux*] quand ils sont censurés ou interdits par des peurs [*qu'elles soient nôtres ou pas*]… »

« Le corps des enfants raconte l'histoire des parents »…

UNE PHRASE-OUTIL QUE JE VOUS ENCOURAGE À UTILISER POUR RÉPARER CERTAINS FREINS ÉMOTIONNELS ET NON-DITS ANCESTRAUX[1].

1. Vous pouvez approfondir la question grâce à l'ouvrage de Willy Barral : *Le corps de l'enfant est le langage de l'histoire de ses parents* (Payot, 2008).

Outil 9

Le bonheur n'est pas la destination mais le chemin

Pour commencer...

Détendez-vous... respirez profondément par le ventre... je vous conseille de fermer les yeux un instant... laissez monter la phrase en vous en cérébralisant le moins possible... laissez-la résonner sans porter de jugement... laissez venir les images, les sensations, les idées sans vous y attacher particulièrement... notez ce qui en sort.

C'est comme si le sens de cette phrase avait toujours coulé en moi, telle une source. Mais je ne l'ai véritablement (re)découverte qu'en lisant Margaret Lee Runbeck (1905-1956), à qui j'emprunte humblement sa formule[1].

1. Margaret Lee Runbeck a dit plus précisément : « Le bonheur n'est pas la destination mais une façon de voyager », in *Le Temps d'aimer* (Presses de la cité, 1957).

Un chemin à tracer

J'ai toujours conçu qu'il ne servait pas tant de savoir vers quoi tendre que de se mettre en mouvement, afin de trouver sa voie et le bonheur en chemin, quitte à emprunter parfois des chemins de traverse. Il est important pour soi de se mettre en mouvement AVANT de trouver sa voie, pour mettre de la joie en chaque instant, pour comprendre que le bonheur n'est pas conditionnel mais décisionnel.

La destination peut évoluer en chemin
et réciproquement.

Mes clients viennent me voir avec des difficultés, en situation d'inconfort. Au départ, lors des premières séances, nous déterminons ensemble un objectif de travail pour soulager, réparer, retrouver du confort, et ce faisant il est assez courant de se rendre compte que le chemin est bien le bon mais pas la destination. Il n'est qu'une des marches de l'escalier mais pas l'escalier…

J'entends par « chemin » le cheminement intérieur. Ce chemin est une véritable aventure jalonnée d'embûches, de découvertes, de carrefours, de contrastes, et donc de choix.

Avancer, cheminer, découvrir, se perdre parfois sont quelques clés du bonheur, de celui qui se construit et nous construit.

Nous décidons de notre chemin en même temps que ce chemin nous forme.

> « *Le bonheur, on ne le trouve pas, on le fait.*
> *Le bonheur ne dépend pas de ce qui nous manque, mais de la façon dont nous nous servons de ce que nous avons.* »
>
> Arnaud Desjardins,
> in *Les Chemins de la sagesse* (Pocket, 2006).

La découverte de soi

Le chemin vers le bonheur est tout à la fois merveilleux et ardu. Il consiste à aller à la découverte de soi, des autres et de ce qui nous entoure.

À quoi bon cette odyssée ? Découvrir, pour quoi faire ?

Voici quelques bonnes raisons : trouver la sagesse... mourir sans regret... réaliser sa nature profonde... se connaître soi-même ! Et le faire en conscience permet de mieux profiter du chemin.

> « *Là où tu es commence le chemin.* »
>
> Mâ Ananda Moyî, sainte hindouiste.

> *« Ce n'est pas le chemin qui est difficile, c'est le difficile qui est le chemin. »*
>
> SÖREN KIERKEGAARD, in *Traité du désespoir* (Folio, 1988).

La découverte de soi impose de pénétrer des territoires contrastés, fort ombragés parfois, pleins de broussailles à élaguer, de friches à traverser, de carrefours devant lesquels hésiter. C'est encore prendre la route de l'inconnu, taraudé par le doute, à la merci d'erreurs et de questionnements. Cela demande une énergie folle mais l'excitation est réelle lorsque l'on a compris combien il est important d'avancer. Il n'y a pas de bonne ou de mauvaise route, il n'y a que la nôtre, sur laquelle on se sent bien, sans jugement, simplement.

Enfants, nous suivons plus ou moins paisiblement le chemin que nous indiquent nos référents (parents et autres figures de l'autorité) et, au fur et à mesure que nous grandissons, nous prenons le relais pour inventer notre propre voie. Nous devons alors faire des choix.

Il arrive que nous suivions un temps le chemin d'un autre, pour finalement nous rendre compte qu'il n'y a qu'un chemin possible, celui qui nous ressemble, qui nous rassemble.

Apprendre à se connaître

Mais qu'est-ce qui nous rassemble ? Qu'est-ce qui nous ressemble ? Revenons à notre méthode de questionnement :

- Qu'est ce que je cherche ?
- Comment est né mon désir ?
- Pourquoi maintenant ?
- Et si mon désir était assouvi, qu'est-ce que cela augurerait pour moi ?
- Pour les autres ?
- En suis-je si éloigné que cela ?
- Si oui, en quoi ?...

Savoir ce que nous sommes, ce que nous cherchons et pourquoi restent les questions fondamentales liées à notre chemin. Et tandis que les réponses déjà obtenues appartiennent au chemin parcouru, les questions en suspens nous montrent le chemin qu'il reste à faire.

Le chemin est contraignant pour mieux nous construire et nous n'en connaissons pas la fin. Heureusement !

ÉTUDE DE CAS

Jean-François, 47 ans, est venu chercher les moyens de gérer sa séparation. Ce que nous avons fait.

Une fois surmontée cette épreuve, il change d'objectif et exprime son désir d'évoluer dans son travail. Ce que nous avons fait.

Une fois ce contrat rempli, il change encore d'objectif, cette fois pour trouver l'âme sœur. Et c'est au cours de ce nouveau cheminement qu'il se rend compte que ces différents objectifs sont autant de marches d'un grand escalier nommé « connais-toi toi-même ».

Outil 10

Gouverner, c'est choisir, et Choisir, c'est renoncer

Pour commencer...

Détendez-vous... respirez profondément par le ventre... je vous conseille de fermer les yeux un instant... laissez monter la phrase en vous en cérébralisant le moins possible... laissez-la résonner sans porter de jugement... laissez venir les images, les sensations, les idées sans vous y attacher particulièrement... notez ce qui en sort.

Il y a longtemps que je détourne ces deux formules de leur cadre initial[1] pour les associer de manière positive dans une démarche psychologique, en évitant toutefois le raccourci mathématique qui laisserait entendre que « gouverner, c'est renoncer » ; cela peut être vrai, mais pas systématique.

Ce qui compte ici, c'est d'établir une corrélation entre les trois notions – Gouverner, Choisir et Renoncer – et les intégrer à une vision existentielle.

---

1. La première formule est empruntée à Pierre Mendès France qui, en 1953, dans un discours à l'Assemblée nationale, introduit la notion de choix dans la gouvernance de l'État. Nous devons la seconde à André Gide, à son retour d'URSS en 1936.

Gouverner sa vie... c'est le seul moyen de s'incarner et de transmettre. Mais pour gouverner sa vie, il faut commencer par se connaître. Et pour se connaître, il faut faire des expériences, développer ses goûts, écouter ses envies, ressentir...

De l'importance de choisir pour gouverner sa vie

Si l'on ne choisit pas – son chemin, son partenaire, son métier, ses activités, ses engagements –, on se retrouve vite débordé, acculé face à la multitude d'alternatives, aux choix des autres et, finalement, dans l'impossibilité d'avancer et de faire.

Choisir, c'est décider d'une préférence, une priorité entre plusieurs possibilités. C'est affirmer une décision qui aura un impact sur le reste de notre vie. Même anodin, un choix détermine ce que l'on est et imprime son influence. C'est ce que l'on appelle la causalité ou la théorie du « battement d'ailes du papillon ».

Ce que l'on fait, ce que l'on choisit de faire à l'instant T agit sur ce que nous sommes et ce qui nous entoure.

L'art de renoncer

Mais, comme beaucoup de choses essentielles dans la vie, choisir n'est jamais facile. Trancher rapidement entre deux possibilités, savoir écouter son instinct en même temps que sa raison, faire des choix judicieux réclament de bien connaître et d'apprendre le renoncement.

ÉTUDE DE CAS

Bruno, 52 ans, mène une vie bien remplie avec épouse et maîtresse. Il a beau m'affirmer qu'il se sent très bien dans cette double existence, je lui fais tout de même remarquer que rien n'avance, ni sa carrière professionnelle, ni ses amitiés. Pourquoi ? Parce que le secret gouverne sa vie sans aucune forme de morale ni jugement. En désaccord avec mon analyse, il part en claquant la porte.

Un mois plus tard, il revient en annonçant qu'il a choisi de divorcer ; il a préféré tout révéler à sa femme et rester avec sa maîtresse.

Dans son cas, choisir a donc imposé de renoncer, et cette décision lui a rendu de la gouvernance dans sa vie. Il a pu ainsi retrouver du temps pour lui-même, pour ses enfants, ses amis, son travail.

Lorsque j'étais enfant, mon père – qui travaillait dans la grande distribution du jouet – m'invitait une fois l'an dans un immense entrepôt où étaient conservés tous les échantillons de jouets envoyés par les fournisseurs. Il ouvrait la porte et me disait : « Ma chérie, je te laisse une heure, balade-toi et choisis UN jouet. Un seul ! »

Je ressens encore l'excitation teintée de peur qui m'envahissait ; la peur de ne pas savoir quoi choisir, de ne pas « bien » choisir. L'entrepôt devait contenir plusieurs milliers de jouets et parmi eux, je devais CHOISIR le mien.

Ce jour-là, je revins donc au bout d'une heure avec une peluche plus grosse que moi ; une grosse guenon qui n'avait d'autre intérêt que de prendre beaucoup de place et de me donner l'illusion de la pertinence de mon choix.

Aujourd'hui, je me rappelle cela en souriant. Je me souviens avoir d'abord tâtonné dans mes critères de sélection. À l'époque, la quantité et le volume me semblaient être les arguments les plus évidents. Pourquoi ? Parce que j'avais eu le malheur de choisir, dans ma petite enfance, un plus petit jouet que mes frères. L'ayant comparé, je m'étais sentie lésée. Mes critères de choix s'étaient alors construits selon cette logique.

Si je vous relate cette anecdote, ce n'est que pour vous faire comprendre que choisir nécessite de se connaître et d'apprendre à renoncer. La décision du choix, quand elle est assumée, permet d'avancer et de ne pas regretter.

Ne renoncer à rien, c'est refuser le jeu des préférences,
c'est nier la réalité de ses goûts, c'est ignorer sa singularité,
c'est refuser de se connaître, de se reconnaître.

PILE ET FACE…

Sorti sur les écrans en 1998, *Pile et Face* met en parallèle deux histoires vécues par la même héroïne (interprétée par Gwyneth Paltrow), deux cheminements différents nés d'un seul et même choix : prendre le métro ou ne pas le prendre. Toutes les actions/enjeux du film varient ainsi en fonction du choix qui précède : changer de boulot, voir la vérité en face, accepter l'invitation d'un ami, etc.

En somme, ce film illustre parfaitement l'importance de nos choix et, plus globalement, de faire des choix.

Choisir, c'est se créer, se libérer, s'engager

Du choix émane un socle indispensable pour construire et se construire. Ce n'est pas une contrainte imposée de l'extérieur, c'est une structure que l'on se donne.

Quand l'âme s'engage, l'esprit se libère.

Le choix nous donne les rênes de notre vie, sans les regrets et les frustrations du renoncement, car l'esprit a levé la contrainte en posant sa décision.

Je vous invite donc à faire des choix et à ne pas vous laisser égarer par le doute de la multitude.

À ceux qui veulent fromage ET dessert, beurre ET argent du beurre, je répondrais que le choix ne va pas à l'encontre de l'abondance ; il organise, détermine, pose ses priorités, c'est tout.

LE CHOIX EST UNE LIBERTÉ ET UN LUXE.
IL VAUT MIEUX MAL CHOISIR QUE DE NE PAS LE FAIRE.

Outil 11

Renoncer, c'est obtenir

Pour commencer...

Détendez-vous... respirez profondément par le ventre... je vous conseille de fermer les yeux un instant... laissez monter la phrase en vous en cérébralisant le moins possible... laissez-la résonner sans porter de jugement... laissez venir les images, les sensations, les idées sans vous y attacher particulièrement... notez ce qui en sort.

Renoncer, encore ? Nous n'en avons visiblement pas fini avec ce verbe tellement chargé en frustration ! Pourtant, renoncer, c'est aussi obtenir. Quelle contradiction philosophique ! Laissez-moi vous démontrer la cohérence psychologique de ce concept.

Renoncer et renoncer

Je crois beaucoup dans l'histoire des mots, dans les glissements progressifs de leur sens. Commençons donc par un peu d'étymologie. À l'origine, renoncer c'est l'union du préfixe *re* (« à nouveau ») et du latin *nuntiare* (« annoncer en retour »). Au milieu du XIIe siècle, le terme signifiait encore « annoncer, reporter ». Dès le XIVe siècle, on l'entendait plus volontiers dans le sens de « cesser par une décision volontaire de prétendre à quelque chose », « abandonner l'usage de quelque chose », « renier ».

Hier, nous entendions l'annonce d'un retour, aujourd'hui, nous ne retenons que la notion d'abandon.

Certes, renoncer c'est abandonner l'idée de quelque chose, cesser d'y penser. Mais ce n'est pas pour autant reculer, et c'est encore moins échouer. C'est avant tout accepter de délaisser ses croyances passées pour pouvoir faire la place au changement.

> *« Il faut distinguer la ténacité de l'obstination : savoir insister et persévérer au bon moment, savoir aussi se retirer et renoncer quand il le faut. »*
>
> SHAFIQUE KESHAVJEE, *Le Roi, le Sage et le Bouffon. Le grand tournoi des religions* (Seuil, 1998).

Il n'en reste pas moins qu'il est difficile d'adopter ce mouvement. Il n'y a rien de moins naturel que de renoncer. Cela nécessite un effort psychologique. Il ne s'agit pas de renoncer à des choses fondamentales telles que la dignité, le respect, la justice, ni de renoncer à soi, bien au contraire.

En fait, il ne faut plus penser systématiquement que notre volonté se pose sur ce qui est bon pour nous ou que, parce qu'elle se pose, elle s'impose. JE VEUX n'obtient jamais, notre volonté n'étant pas forcement ce qu'il y a de meilleur pour nous. Dans ce mouvement fondamental et contre-nature, il s'agit de sentir que l'important n'est pas d'adapter les choses à ses désirs, mais de prendre chaque jour comme il vient et de l'apprécier sans oublier de s'aider soi-même.

Renoncer pour obtenir

Qui n'a jamais connu le désir ardent d'obtenir un poste, de conquérir un amour, d'avoir un enfant ? Qui n'a jamais ressenti cette crispation liée à de telles obsessions ? Après différentes étapes psychologiques – de l'acharnement au dépit, du discernement au déni –, on en arrive parfois à se demander d'où vient cette volonté folle. La crispation née de ce désir non assouvi nous entrave, énergétiquement, physiquement et mentalement. C'est alors que doit nécessairement intervenir le renoncement.

Renoncer, c'est abandonner la pensée magique de l'enfant qui dit : « Je veux ! » Renoncer, c'est accepter en retour le précepte éducatif qui répond : « Je veux n'obtient jamais. » Le caprice, l'obsession n'ont pas leur place dans l'harmonie – telle que je l'entends, à savoir, appartenir au tout, à son environnement, en plus de se connaître soi –, laquelle procède de l'accueil d'une transcendance et du dépassement de ce que l'on veut.

Renoncer n'est pas rejeter, c'est au contraire accepter.
Renoncer, c'est lâcher prise.

Lâcher prise

Ces termes-là sont sans doute plus simples à appréhender. Lâcher prise, c'est également une histoire d'abandon, mais teintée d'alanguissement, de décontraction, de délassement.

En lâchant prise, on ne se saisit de rien, on va vers, on chemine, on accède, on découvre, on apprend et surtout on sème.

Lâcher prise, c'est reconnaître que le résultat final n'est pas entre nos mains. C'est aussi accepter notre nature, nos besoins et le temps qu'il leur faut pour être assouvis. Renoncer, c'est tenter de déceler ses propres faiblesses et de s'en défaire, c'est tenter d'aller à la rencontre de soi, conjugué au verbe ÊTRE plutôt que FAIRE ou AVOIR[1].

> « *Le devoir d'un général n'est pas seulement de songer à la victoire, mais de savoir quand il faut y renoncer.* »
>
> POLYBE.

C'est alors qu'aux détours du renoncement apparaît ce qui nous convient parfaitement, ce quelque chose que l'on ne savait pas chercher et que nous n'arrivions pas à formuler. C'est ici que se trouve la récolte du temps présent, résultat de tout ce que

1. Pour les amoureux du verbe et de la chanson française, je vous invite à écouter la chanson d'Yves Duteil : *Avoir et Être* (2001).

nous avions semé et qui a poussé sur une terre d'accueil. Ainsi, une fois passée la tristesse du renoncement, une joie profonde et un sentiment de libération s'imposent.

L'énergie est alors libérée. Elle n'est plus focalisée ni contrainte.

> « *Tout près du renoncement est la béatitude.* »
>
> SRI AUROBINDO, in *La Bhagavad-Gîtâ* (Albin Michel, 1970).

Dans nos sociétés de consommation, le renoncement passe pour de la faiblesse, au pire pour de la médiocrité. Pourtant, renoncer à ce que l'on voulait vraiment, de façon obsessionnelle parfois, c'est obtenir le mieux pour nous, tant en termes psychologiques que physiologiques.

ÉTUDES DE CAS

Premier cas

Sylvia, jeune femme de 35 ans, vient me voir dans l'objectif de négocier un licenciement avec son patron. Elle occupe alors une importante fonction dans un grand groupe financier et se sent épuisée à force de déplacements et de pression. Elle ne profite pas de ses deux filles, et son mari, véritable soutien, commence à être lassé du rythme de sa femme.

Pendant quelques mois nous débattons d'une stratégie adéquate destinée à la libérer de ses contraintes, sans pour autant réveiller ses peurs du manque. Finalement, un soir, Sylvia m'envoie un message m'annonçant qu'elle a donné sa démission. Elle m'explique qu'elle n'en pouvait plus, et qu'elle a renoncé à la stratégie de licenciement et à ses intérêts financiers pour suivre son instinct, lequel se satisfait de tirer sa révérence sans contrepartie.

D'avoir tout quitté brutalement et la tête haute, Sylvia se sent soulagée et en accord avec elle-même.

Quelques jours plus tard, elle reçoit un coup de téléphone de son ancien patron qui lui annonce que, non seulement il refuse sa démission mais qu'en plus il lui donne le temps qu'elle désire pour y voir plus clair. Un temps payé ! De surcroît, il la remercie de son intégrité. C'est, semble-t-il, la première fois qu'il se trouve face à quelqu'un sur lequel il n'a aucune prise.

Second cas

Paul est fou d'amour pour Lola. Ils se fréquentent depuis quelques mois et, objectivement, Paul est plus épris que Lola. Il sent même qu'elle commence à prendre de la distance. Il a beau déployer tous les stratagèmes pour la garder, rien n'y fait. Pour cela, il va au bout de ses limites et accepte l'inacceptable... jusqu'à rompre.

En rompant, il sauve le reste de son amour-propre.

Quelques semaines plus tard, Lola revient vers lui et exprime son désir de reprendre leur relation. Sauf que Paul a perdu la fougue de ses sentiments.

Quatre mois plus tard, Il rencontre Virginie, avec laquelle il continue de construire une histoire équilibrée.

Ici et maintenant

Le mouvement libérateur du lâcher-prise laisse de la place à ce qui est près de nous (bon ou mauvais) et que l'on ne voit pas toujours. En cessant de nous acharner sur notre « vouloir » au futur, nous avons fait de la place pour la conscience du présent.

LA PLEINE CONSCIENCE

“ *La pleine conscience n'est pas de faire plus attention mais de faire attention différemment, avec plus de sagesse, avec notre esprit tout entier et notre cœur, en nous servant de toutes les ressources de notre corps et de nos sens.* ”

JON KABAT-ZINN, *The Mindful Way.*

Cultiver cette conscience de l'instant est une démarche qui s'appelle la Pleine Conscience (ou Mindfulness). Je l'affectionne tout particulièrement et la distille régulièrement auprès de mes clients. Elle consiste à apprendre à porter une attention constante et bienveillante à nous-même et à ce qui nous entoure.

Cette technique est issue de la rencontre de deux univers en apparence opposés : celui de la tradition philosophique orientale et des pratiques de méditation bouddhistes en particulier, et celui de la recherche scientifique occidentale en psychologie, notamment les neurosciences.

▶

La Mindfulness peut se traduire par « attention juste » et désigne la conscience vigilante par opposition à l'état de conscience en « pilotage automatique », comme lorsque nous conduisons, faisons la cuisine, mangeons, etc.

Nous pouvons développer un état de conscience vivant et sensoriel dans toutes nos activités, ce qui parvient, dans la plupart des cas, à pallier une sensation d'anxiété liée au vide de notre être.

Dans l'absolu, ce concept de Pleine Conscience pourrait s'accorder à la totalité de ce livre et de ma démarche. Mais si je l'introduis ici, c'est pour souligner que renoncer ne doit pas être une démarche stratégique mais une volonté consciente de ne pas avoir mais d'être.

C'est en basculant de l'un à l'autre que nous pourrons obtenir… pas forcément ce que nous voulions mais ce qui sera juste pour nous.

« *La conscience est la conséquence du renoncement aux pulsions.* »

SIGMUND FREUD,
in *Névrose et psychose* (Payot, 2013).

Outil 12
Sans limite, pas de liberté

Pour commencer...

Détendez-vous... respirez profondément par le ventre... je vous conseille de fermer les yeux un instant... laissez monter la phrase en vous en cérébralisant le moins possible... laissez-la résonner sans porter de jugement... laissez venir les images, les sensations, les idées sans vous y attacher particulièrement... notez ce qui en sort.

Vous l'avez compris, j'apprécie définitivement ces apparentes antinomies. Comment lier les limites à la liberté ? Là encore, la philosophie s'oppose à la psychologie.

Sans limite, pas de bonheur

En philosophie, il est commun d'identifier le terme de « limite » aux notions de « barrière », de « frontière », de « contrainte ». On pose des barrières autour de son jardin pour signaler son territoire, aussi bien aux autres qu'à soi-même. On définit des frontières pour circonscrire un espace, identifier une zone. La limite agit ici comme un cadre fini dans lequel évoluer, à l'opposé d'un espace infini qui nous paralyserait faute d'y trouver des repères.

En psychologie, les limites apaisent, soulagent, rassurent. Les limites sont nécessaires au développement de l'être humain. Elles contribuent à la connaissance de nous-même et de notre environnement, et nous permettent d'avancer sereinement dans la vie, de cesser de subir, d'ouvrir ses champs de liberté.

L'éducation d'un enfant passe par l'apprentissage des limites – les siennes et celles des autres. Pour s'intégrer à la société, il lui faut expérimenter ces limites et, pour se faire respecter, il doit clarifier celles-ci. Ce n'est pas pour rien que l'enfant teste ses parents : il est instinctivement demandeur de règles – familiales, sociales et personnelles – pour pouvoir évoluer. Ne lui transmettre aucune limite est dévastateur pour son évolution future.

ÉTUDE DE CAS

Loïc, 37 ans, père ultra-permissif de deux enfants...

Je lui explique pourquoi et comment sa progéniture est en danger sans son autorité.

« C'est en posant des limites à vos enfants qu'ils auront la possibilité de devenir des adultes structurés... Les parents permissifs donnent lieu à des enfants perdus. »

Notre expérience au sein de la société nous amène régulièrement à adapter nos limites, c'est le prix d'une existence et d'une évolution sereines. Imaginez le comportement de quelqu'un qui n'aurait aucune limite sociale, qui se permettrait de tout dire, de tout faire selon ses envies, selon ses inspirations. Imaginez quelqu'un qui n'aurait aucune limite personnelle, qui dormirait sans cesse, qui mangerait sans faim, boirait sans soif, dépenserait sans compter, consommerait tout et n'importe quoi.

Profiter de ses limites

On distingue deux types de limites :

- LES LIMITES QUE JE ME FIXE, c'est-à-dire toutes les règles que je m'impose avec l'idée selon laquelle je suis le premier responsable de ma vie et des résultats que j'obtiens.

- LES LIMITES QUE JE FIXE AUX AUTRES, c'est-à-dire tout ce que je permets (ou pas) aux autres de faire avec l'idée selon laquelle l'autre peut aller jusqu'où je le laisse aller.

Une limite protège et, par extension logique, peut finir par enfermer. La frontière est mince et le risque est grand. Nous sommes acteurs de nos limites et nos limites sont vivantes. Nous avons à les exprimer, à les faire vivre. Parfois, nous pouvons les lever pour expérimenter autre chose ou les ajuster. Les limites doivent avant tout agir comme un filtre, un prisme, non comme un mur. Nos limites sont à mettre – et remettre – en perspective avec ce que nous vivons et avec ceux avec qui nous vivons.

Les limites peuvent se comparer à un curseur. Si je pose des limites trop larges, impossibles à atteindre, je ne me sentirai pas protégé, je n'explorerai pas tout mon champ de liberté de peur de me perdre.

À l'inverse, des limites trop restreintes m'étoufferont, créeront un sentiment d'oppression, contraindront ma créativité et ma curiosité.

Pile et face

Il n'y a pas de bonne ou de mauvaise limite. Une limite peut être « aidante » dans une situation et « limitante » dans une autre.

Les limites « aidantes » nous permettent de nous développer. Elles préservent notre énergie et nous permettent de vivre en accord avec nous-même. Les limites « limitantes » nous entravent dans notre développement, dans notre découverte de nous-même et du monde qui nous entoure.

Rien n'est immuable. Tout est mouvement. Il nous appartient de le ressentir.

Connaître et respecter ses limites nous donne accès à la fermeté sans l'autoritarisme et nous permet de vivre celles des autres dans la liberté et sans jugement. Il s'agit d'ailleurs là d'un des trois « piliers de vie » propres à la pérennisation de notre bien-être, les deux autres étant « vivre en accord avec ses valeurs » et « savoir identifier ses besoins et les satisfaire ».

> “ *Une condition capitale pour toute jouissance, c'est de se limiter.* ”
>
> SÖREN KIERKEGAARD,
> in *Traité du désespoir* (Folio, 1988).

Le triangle de l'équilibre

Ce triangle est un outil en soi, primordial, et de ce fait, il pourrait s'insérer dans la quasi-totalité des chapitres.

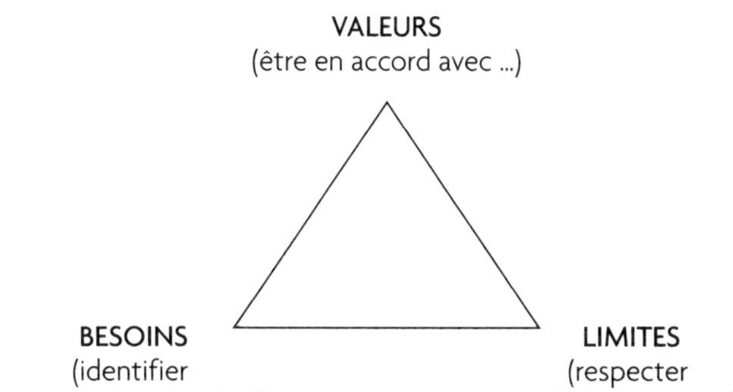

Notre équilibre repose sur trois postulats essentiels :

1. **Être en accord avec ses valeurs** : vérifier que nos fondements sont satisfaits dans tous les domaines de vie (personnel/familial/professionnel/amical/sentimental).

2. **Identifier et assouvir ses besoins soi-même** : être en mesure de savoir ce qui est bon pour nous, ce qu'il nous faut pour être bien ou aller mieux, et aller le chercher soi-même sans se poser en victime.

3. **Respecter et faire respecter ses limites** : identifier, pour être bien avec soi-même, ce que l'on n'assumera pas de faire et ce que l'on n'a pas à supporter des autres.

Ce triangle est un socle sur lequel se reposer pour vérifier que tout va bien ou pour évaluer où le bât blesse lorsque l'on se sent en état de fragilité.

À chacun ses limites

Je vous invite à vous poser la question des limites que vous vous fixez à vous-même et de celles que vous fixez (consciemment ou inconsciemment) aux autres.

Pour vous aider dans cette introspection, posez-vous intérieurement les questions suivantes :

- **Qu'est que je m'interdis ?**
- **Qu'est ce que j'interdis aux autres... ?**
- **Est-ce que toutes mes limites me paraissent justes ?**
- **Est-ce qu'elles remplissent bien leur rôle ? Notamment, celui de me protéger ? Celui de me donner un espace de liberté suffisant à ma créativité dans l'ici et maintenant ?**

N'hésitez pas à les évaluer, les exprimer, les respecter ET les faire respecter pour générer ce que l'on appelle l'homéostasie, à savoir « l'équilibre dynamique qui nous maintient en vie », selon la formule de Claude Bernard, fondateur de la médecine expérimentale.

IL FAUT « RESSENTIR » POUR JAUGER DE LA JUSTESSE D'UNE LIMITE, NON SE BASER SUR DES CROYANCES OU DES PRINCIPES.

Outil 13

Le bonheur n'est pas pour demain

Pour commencer...

Détendez-vous... respirez profondément par le ventre... je vous conseille de fermer les yeux un instant... laissez monter la phrase en vous en cérébralisant le moins possible... laissez-la résonner sans porter de jugement... laissez venir les images, les sensations, les idées sans vous y attacher particulièrement... notez ce qui en sort.

Ah, si j'étais plus riche... Si j'avais le poste que je désire... Si je pouvais avoir un enfant... Si j'étais amoureux(se)... Si quelqu'un(e) était amoureux(se) de moi... Si... Si... Si... ! Pour beaucoup, le bonheur tient souvent à un « si ».

Sous condition

Le bonheur est un état durable de plénitude et de satisfaction. Il se distingue par un équilibre agréable de l'esprit et du corps d'où la souffrance, l'inquiétude et le trouble sont absents. Mais cela reste un état, c'est-à-dire une circonstance, la condition d'une « autre chose » conditionnée par la conscience et l'expérience, et cette autre chose est purement psychologique.

> “*Ce qu'on doit chercher à savoir, c'est de quelle façon on doit vivre sa vie pour qu'elle soit la meilleure possible.*”
>
> SOCRATE.

Vous avez certainement croisé une de ces personnes qui semblent « tout avoir » et qui pourtant ne sont jamais heureuses. D'ailleurs, peut-être êtes-vous de celles-là ?

Vous êtes-vous déjà persuadé que vous seriez heureux « si... » et, une fois cet idéal atteint, vous n'avez pas éprouvé le bonheur escompté, du moins, pas de façon durable ?

Avez-vous déjà eu la sensation désagréable de ne pouvoir vous réjouir de quelque chose, de peur que cette simple allégresse n'annihile ce plaisir, à l'image de cette fameuse chanson de Serge Gainsbourg, *Fuir le bonheur de peur qu'il ne se sauve* ?

Toutes ces constatations ne tiennent qu'à une seule vérité :

Nous ne sommes heureux,
nous ne pouvons ressentir le bonheur
que si nous nous y autorisons.

ÉTUDE DE CAS

Après avoir (selon lui) tout connu des drogues et des femmes, brûlé la chandelle par les deux bouts, Christian, 33 ans, m'avoue qu'il lui semble maintenant bien difficile d'atteindre le bonheur. Je lui demande s'il se sent éternellement insatisfait. Il confirme, désabusé. Pourtant, c'est en retrouvant petit à petit le goût des tout petits plaisirs – bien loin des grandes sensations derrière lesquelles il avait couru jusqu'alors – qu'il est parvenu à renouer avec les bases d'un bonheur solide et non fugace.

Autorisation exigée

Le fait est que le cerveau ne fait pas la différence entre l'imaginaire et le réel. SA vérité réside dans ce que nous nous disons, ce que nous avons la sensation de vivre, l'état dans lequel nous sommes, et pas dans ce que nous faisons (ou pas) ou ce qui nous arrive (ou pas).

Par exemple, prenez deux personnes observant un coucher de soleil. Tandis que la première ne ressent aucune joie, la deuxième est transportée d'émotions. Qu'est-ce qui peut distinguer à ce point le ressenti de deux individus face à une même réalité ?

De même, dans le cadre d'un même contexte éducatif, culturel et générationnel, qu'est-ce qui distingue une personne heureuse de ce qu'elle a d'une personne éternellement insatisfaite ?

Quelques hypothèses...

L'une vit l'instant présent, l'autre est prisonnière du passé ou projetée en permanence dans l'avenir ? L'une savoure ce qu'elle a, l'autre se compare à ceux qui ont plus, se plaint de ce qu'elle n'a pas ? L'une vit proche de ses émotions, l'autre pas ? L'une partage, l'autre thésaurise ? L'une communique, demande, l'autre renferme, inhibe, contrôle ?...

À mon sens, le bonheur dépend de deux choses, bien différentes de la réalité de ce qui nous arrive :

- NOTRE ÉTAT DE CONSCIENCE, c'est-à-dire la lumière que nous faisons sur les choses, sur nous-même et sur notre responsabilité vraie ; cet état est prôné et promu par l'expérimentation de la Pleine Conscience ;

- NOS CHOIX, c'est-à-dire notre décision d'être heureux et l'éclairage que cette décision donne à nos actes, à nos pensées.

De fait, le bonheur est le fruit de décisions. Tous ceux qui sont heureux vous le diront, ils ont pris consciemment (ou inconsciemment) la décision d'être heureux, en l'expérimentant dans l'ICI ET MAINTENANT, au contraire de ceux qui s'engagent dans une action censée apporter un bonheur à venir, donc hypothétique.

Pour aujourd'hui ou pour demain ?

Non, le bonheur n'est pas pour demain, il nous tend les bras en permanence. Il attend juste qu'on le reconnaisse, qu'on le choisisse. Le bonheur est pour tout de suite, maintenant et toujours, si vous le voulez bien et que vous éclairez de votre conscience ce qui est déjà DU BONHEUR dans votre vie.

Le bonheur demande un effort. Il est toujours plus simple de se laisser aller à la mélancolie, à la nostalgie, à la complainte. Toujours cette histoire de voir le verre à moitié vide ou le verre à moitié plein : il ne tient qu'à nous de voir les choses positivement ou de faire en sorte de les rendre positives.

Il est étrange de constater que l'être humain préfère majoritairement les histoires tristes aux histoires gaies, qu'il préfère se plaindre plutôt que de se réjouir. Faites donc l'essai : demandez à votre entourage (proche ou non) s'il serait intéressé par un journal télévisé exclusivement consacré à de bonnes nouvelles. Vous constaterez sans aucun doute que la majorité répondra non. Nous avons tous tendance à nous sentir mieux lorsque les autres semblent aller plus mal.

> “*Le bonheur, c'est la somme de tous les malheurs qu'on n'a pas.*”
>
> MARCEL ACHARD, in *Malborough s'en va-t'en guerre* (Heugel, 1924).

Le bonheur n'est pas dépendant de l'état des autres, même s'il est plus agréable d'aller bien en même temps que ceux que l'on aime. Non, le bonheur est dépendant de nous ! Il est de notre responsabilité d'être heureux, de s'en préoccuper, de ressentir et d'ancrer ce bonheur.

Le bonheur n'est pas pour demain. Il s'imposera d'emblée lorsque vous serez prêt à lui dire OUI, OUI à la vie, OUI à l'amour de ce que vous êtes, OUI à l'amour de ce que vous avez et de ce que vous aurez.

COMMENCEZ PAR DIRE OUI ET RESSENTEZ
TOUTE L'ÉNERGIE DE CETTE AUTORISATION !

Outil 14

Vivre comme si on allait mourir demain

Pour commencer...

Détendez-vous... respirez profondément par le ventre... je vous conseille de fermer les yeux un instant... laissez monter la phrase en vous en cérébralisant le moins possible... laissez-la résonner sans porter de jugement... laissez venir les images, les sensations, les idées sans vous y attacher particulièrement... notez ce qui en sort.

Vous êtes-vous déjà posé la question de savoir ce que vous feriez si vous appreniez que vous alliez mourir demain ? En général, à l'instant où l'on réalise la fugacité du temps et notre mortalité, l'élan se porte sur nos émotions, nos sentiments. Si je sais que je vais mourir demain, j'ai subitement envie de passer du temps avec ceux que j'aime, de profiter de chaque seconde, de faire et de dire les choses que je n'ai jamais pris le temps de faire ou dire, de taire ce qui ne mérite pas d'être dit...

La peur comme moteur

« Vivre comme si on allait mourir demain » intègre justement l'idée que le bonheur n'est pas pour demain, mais pour tout de suite (lire « Le bonheur n'est pas pour demain », p. 115), en apportant toutefois quelques nuances supplémentaires : faire spontanément ce que l'on pensait avoir le temps de faire..., vivre pleinement ce que l'on ne s'autorisait pas auparavant...

Être acculé à l'urgence de vivre nous donne parfois le pouvoir de prendre des risques. Des risques qui donnent du relief à notre vie puisqu'ils nous font devenir pleinement acteurs et nous font mesurer notre mortalité.

Et c'est bien en cela que le concept est important. La vie prend toute sa valeur à l'aune de sa finitude. C'est parce qu'elle est fragile, limitée dans le temps, qu'elle n'en est que plus précieuse.

> “*Au fond, personne ne croit à sa propre mort, et dans son inconscient, chacun est persuadé de son immortalité.*”
>
> SIGMUND FREUD, in *Psychopathologie de la vie quotidienne* (Payot, 2004).

Le désir contre la peur

Vivre comme si on allait mourir demain revient à vaincre nos peurs, à aller à l'essentiel, à ne pas s'encombrer de tergiversations, à saisir la saveur des choses en pensant les perdre. Il est toujours surprenant de penser qu'il faut avoir peur de perdre quelque chose ou quelqu'un pour en réaliser sa valeur.

On peut également nuancer ce concept en convoquant le fameux adage *Carpe diem*, bien connu depuis l'Antiquité et emprunté au vers d'Horace : « Cueille le jour présent et sois le moins confiant possible en l'avenir. » Cette poésie ne dit rien d'autre que l'humain, la vie et leur fragilité. Certes, il y a une forte probabilité pour que nous nous réveillions demain et que nous vivions une journée supplémentaire. Mais, finalement, qu'en savons-nous vraiment ? Quelle certitude avons-nous ?

Vivre comme si on allait mourir demain invite à se focaliser sur ce qui nous importe vraiment.

Cela ne signifie pas de « vivre vite ». Au contraire. Si, pour moi, l'important se niche dans le ressenti, je vais prendre le temps de vivre cette journée lentement, doucement, en respirant profondément, en regardant les choses autrement, de l'intérieur. Peut-être vais-je méditer, privilégier la sensation, l'émotion. Cette journée n'aura pas été artificiellement lente, elle aura été douce, intense et pleine.

Agir pour Vivre

Si l'important pour moi est d'agir, de faire, de combattre un penchant naturel à la procrastination, je vais m'atteler à la tâche, me fixer des objectifs, réaliser ce qui ne peut attendre et laisser de côté ce qui est superflu. Je vais m'interroger sur les priorités en me demandant ce qui me satisferait le plus d'accomplir avant de mourir. Je vais m'organiser pour FAIRE, et je terminerai la journée avec un sentiment de satisfaction intense.

Évidemment, j'espère ne pas mourir demain. Mais la saveur d'intégrer la mort dans ma stratégie existentielle est une richesse sans cesse renouvelée.

ÉTUDE DE CAS

Marianne, 35 ans, vient à moi pour se débarrasser de son sens obsessionnel de l'organisation.

« Marianne, quand cesseras-tu de te projeter dans le futur plutôt que de vivre le présent ? Pourquoi planifier dans l'instant un bonheur que tu ne connais pas ? »

Sa réponse ne se fait pas attendre : « Ça me rassure !

— Oui, mais ça t'empêche ! »

Je lui donne alors un exercice à faire pour notre prochaine entrevue, à savoir rédiger son testament et son panégyrique. À la séance suivante, elle m'en fait la lecture en pleurant.

> « Mon conseil, Marianne : n'attends pas que ça arrive pour continuer à vivre. »
>
> En six mois, elle avait reconnecté sa joie au moment présent.

Notre seule immortalité réside dans la transmission. Ce qui se transmet perdure au-delà du temps.

À chacun le soin de se souvenir que nous sommes tous de passage pour s'accomplir et transmettre dans la joie intérieure.

VIVRE COMME SI ON ALLAIT MOURIR DEMAIN…
POUR RENAÎTRE À NOUVEAU ET FAIRE DE CHAQUE JOUR
« LE PREMIER JOUR DU RESTE DE NOTRE VIE[1] »

1. Titre d'une chanson d'Étienne Daho.

Outil 15

Le pire est la promesse du meilleur

Pour commencer...

Détendez-vous... respirez profondément par le ventre... je vous conseille de fermer les yeux un instant... laissez monter la phrase en vous en cérébralisant le moins possible... laissez-la résonner sans porter de jugement... laissez venir les images, les sensations, les idées sans vous y attacher particulièrement... notez ce qui en sort.

Cette idée est plus logique qu'il n'y paraît. Elle vient apporter une nuance supplémentaire à deux concepts vus précédemment, « Qui n'avance pas recule », p. 67 et « Renoncer, c'est obtenir », p. 99.

La lumière du pire

En effet, lorsque nous traversons des moments douloureux, des moments éprouvants qui nous paraissent alors être les pires de notre vie, nous perdons la possibilité d'entrevoir le meilleur pour nous-même. Pourtant, en partant du principe que tout est mouvement, il est concevable d'entrevoir le pire comme une étape, un passage et non un état définitif, une conclusion.

Au contraire, ce pire peut nous donner l'occasion de déclencher des ressources psychologiques et émotionnelles pour nous sortir de son impact dépressif. Et bien que cela ne nous empêche pas de subir la tempête, au moins est-elle la promesse d'une amélioration à venir, d'un meilleur.

Mais qu'entendons-nous par le pire et le meilleur ?

Rien de pire

Le pire, c'est la sensation de ne pouvoir aller plus mal. Nous en faisons le constat à un instant T, en comparaison avec d'autres états émotionnels passés. *A contrario*, le meilleur, c'est la sensation de ne pouvoir aller mieux.

Autant il est logique – et de notre intérêt – de vouloir faire durer le meilleur, autant il est difficilement concevable de vouloir prolonger le pire. Pourtant, comme toujours, tout est question d'état d'esprit. À l'image du dilemme « verre à moitié plein » vs « verre à moitié vide », le duo pire vs meilleur témoigne d'une même réalité, mais exprime deux ressentis radicalement différents.

L'état mental (conscient ou inconscient) avec lequel nous traversons la souffrance est déterminant. Plus j'accepte l'état comme passager, plus il est facilement surmontable. Plus je relativise, plus je comprends et nomme la douleur, plus elle est acceptable.

Un exemple…

Vous venez d'apprendre que la personne que vous aimez vous quitte. Vous souffrez d'autant plus que vous ne savez pas pourquoi et que vous ne concevez aucune responsabilité dans son départ. Ce sentiment d'incompréhension et d'injustice rend la situation intolérable. La souffrance participe de votre état mental. Elle sera d'autant plus difficile à surmonter si vous ne la circonscrivez pas à l'instant présent, c'est-à-dire à un discours du type « Je souffre, mais je me laisse simplement traverser par cette souffrance, cette tristesse, cette douleur… » En agissant ainsi, j'ai déjà accès au fait que je vais aller mieux et que la vie a toujours raison ; la vie – ou Dieu ou le hasard pour certains – est pour moi une « chance de se laisser faire », bien supérieure à notre bon vouloir et dotée d'une vision plus grande, plus haute, plus globale de notre propre existence. Dieu, la Vie, le Hasard n'ont pas « le nez sur la copie », la « tête dans le guidon » comme nous, et ce que nous apporte ce recul salutaire a sûrement plus de justesse que notre simple prisme.

Le meilleur du pire

« Le pire est la promesse du meilleur » doit s'entendre comme une disposition mentale visant à accepter les moments de souffrance comme passagers, momentanés, provisoires. Pour autant, il nous appartient de décider que le pire nous donne les moyens d'entrevoir des solutions, des possibilités de changement intérieur qui détermineront notre développement personnel et, donc, notre avenir émotionnel.

Le pire peut être vécu comme une expérience de créativité qui nous mène vers le meilleur de nous-même.

Ce n'est pas en situation de confort que nous tirons le meilleur parti de nos ressources. C'est en situation d'urgence que nous sommes souvent plus inventifs, plus efficaces. Et pour cause, notre cerveau et notre corps déploient des trésors d'ingéniosité pour nous sortir d'un état douloureux émotionnel et/ou physique.

Regarder au-delà

« Après la pluie, le beau temps ! » dit-on. Et comme il est beau le temps après la pluie ! De fait, le meilleur l'est d'autant plus qu'on a traversé le pire, tout comme boire est meilleur quand on a soif, manger quand on est affamé... Tout est histoire de contrastes, d'acceptation, d'état d'esprit et d'ambition.

Ici, l'ambition a à voir avec le fait de vouloir sortir du pire et non de s'y complaire, de vouloir s'inscrire dans le meilleur pour mieux profiter de ses retombées en termes de créativité, remise en question et connaissance de soi. Cette ambition est d'autant plus facilitée que nous sommes – rappelons-le – en état de Pleine Conscience, c'est-à-dire dans l'attention au moment présent, sans aucun jugement et dans la pleine acceptation des émotions qui en découlent.

Plus qu'une idée, « Le pire est la promesse du meilleur » est une invitation à développer notre propre créativité, une invitation à la joie des émotions, même négatives, sans jugement ni peur.

Dans la situation du pire, il paraît donc primordial d'entrevoir le meilleur pour qu'il puisse s'accomplir et nous apporter ses bienfaits. Comme nous l'avons déjà vu (lire « Le bonheur n'est pas pour demain », p. 115), nos états intérieurs – et a fortiori le bonheur – sont le fruit de nos décisions.

Cultiver un état d'esprit positif dans des périodes de difficulté majeure, de souffrance intense est le gage de les traverser au mieux et même de préserver notre santé, reflet de nos somatisations.

Se passer du pire, pas du meilleur

Il ne s'agit nullement de comprendre ici que le pire est la SEULE promesse du meilleur. Il faut surtout appréhender la notion selon laquelle tout – ce TOUT qui nous régit – est inscrit dans le mouvement, et qu'il nous appartient de ne pas demeurer dans un état émotionnel souffrant. Il nous est proposé, à travers les événements que nous vivons, de grandir, d'apprendre, de dépasser, et donc de transcender même la souffrance pour aller vers le meilleur de nous-même.

Guy Corneau, psychanalyste et écrivain, relate cela à merveille dans ses ouvrages. Le plus marquant pour moi est sans doute *Le Meilleur de soi*, dans lequel il partage sa propre expérience de la maladie, de la confrontation à la mort et de son dépassement par la créativité et la conscience – entendons ici « Pleine Conscience », même si Corneau n'use pas de cette terminologie.

Permettez-moi d'en livrer ici quelques lignes :

> ““ *Malgré les écueils, nous ne sommes jamais soumis à un déterminisme total. Bien au contraire, ces écueils sont lumineux puisqu'ils peuvent permettre un réajustement. (...) L'existence se joue d'instant en instant. Nous pouvons faire*

de notre vie un déplorable gâchis en refusant d'écouter nos crissements internes ou au contraire la transformer en œuvre d'art. Le choix est entre nos mains. »

(...)

« *Les heurts sont créateurs et lumineux ; ils nous offrent la chance de nous libérer d'attitudes contraignantes et de comportements limitatifs pour peu que nous les regardions sans fausse honte et sans jugement, ce qui est déjà un accomplissement en soi.* »

GUY CORNEAU,
in *Le Meilleur de soi* (Robert Laffont, 2007).

Voilà ce que nous promet le pire :

LE MEILLEUR DE NOUS-MÊMES, QUI NE VIENT PAS DANS LE CONFORT ET LA SÉCURITÉ DE CE QUE NOUS CROYONS MAIS DANS LA LUMIÈRE DE CE QUE NOUS SOMMES.

Outil 16

Pas de réussite sans échec

Pour commencer…

Détendez-vous… respirez profondément par le ventre… je vous conseille de fermer les yeux un instant… laissez monter la phrase en vous en cérébralisant le moins possible… laissez-la résonner sans porter de jugement… laissez venir les images, les sensations, les idées sans vous y attacher particulièrement… notez ce qui en sort.

Qu'est-ce que la réussite ?

Un résultat heureux ? Un objectif atteint ? Le fait d'être connu ? Reconnu ?

Qu'est-ce que l'échec ?

Une défaite ? Un revers ? Un objectif manqué ?

À tous les coups l'on gagne

« L'échec est le fondement de la réussite ! » disait Lao Tseu. Un aphorisme bien difficile à admettre pour beaucoup, tant l'échec – quel qu'il soit – constitue un moment pénible et déconcertant.

Pourtant, il n'en reste pas moins qu'échouer est le meilleur moyen d'apprendre, et notamment d'apprendre à savoir faire. Ce qui compte, ce n'est pas tant de comprendre l'échec que d'apprendre à s'en relever. Pour ce faire, il est utile de déterminer le type d'échec auquel on est confronté, ses causes et les leçons qu'on peut en tirer.

> « *Beaucoup rêvent de succès. À mon sens, le succès ne peut être atteint qu'après une succession d'échecs et d'introspections. En fait, le succès représente 1 % de votre travail qui comporte, lui, 99 % de ce qu'on peut appeler échecs.* »
>
> SOICHIRO HONDA (industriel et ingénieur japonais contemporain).

C'est en ces termes que la firme japonaise Honda a eu l'idée audacieuse de baser sa communication interne, au début des années 2000. Fondé sur le précepte de Lao Tseu, le parti-pris est de faire témoigner des acteurs de la marque sur leur expérience de l'échec et ce, dans une perspective quasi initiatique et pédagogique. Ce qui est proposé ici est alors de comprendre comment l'erreur peut faire progresser.

Reculer pour mieux sauter

Mon propos est le même. Je veux vous faire comprendre qu'il n'est pas question de s'interdire d'agir sous prétexte de s'épargner un éventuel échec. « Attendre d'en savoir assez pour agir en toute lumière, c'est se condamner à l'inaction », disait à juste titre Edmond Rostand. Personne n'est à l'abri du risque, et c'est tant mieux ! C'est le risque et ses enjeux qui peuvent nous rendre meilleur.

Quel que soit le domaine, le chemin de la réussite est jalonné d'échecs.

• C'est parce que nous tombons que nous apprenons à marcher. Comment ? En nous relevant.

• C'est en étant d'abord maladroits que nous devenons habiles.

• C'est parce qu'on nous a réprimandés – et que nous n'avons pas aimé ça – que nous nous sommes appliqués.

• C'est en se heurtant à l'échec et en en tirant les leçons que l'on prend le chemin du succès.

Personne n'a su jouer du piano *ex nihilo*. Personne ne « sait faire » à partir de rien. Il faut l'expérience – le talent n'est pas exclu –, et notamment celle de l'échec.

Passage obligatoire

L'échec n'est pas agréable mais il est souhaitable, dans la mesure où il enseigne, développe nos ressources et notre créativité. Il ne s'agit pas ici d'encourager à une quelconque dynamique de l'échec mais d'apprendre à le surmonter s'il survient.

Et ce dépassement de l'échec commence par son acceptation. Il s'agit ensuite de le comprendre, d'en saisir les fondements afin de ne pas le répéter.

L'expérience de l'échec est subjective. Chez deux individus, le même événement peut être vécu de deux façons différentes, pour l'un ce sera un échec cuisant et humiliant, pour l'autre une leçon de vie. Tout est une question d'optique et d'enjeu. Plus les enjeux sont importants, plus grande sera la pression, plus vive sera la sensation d'échec.

De plus, l'échec peut avoir certaines vertus, notamment en nous protégeant d'une obstination stérile ou en ouvrant la porte sur un ailleurs que nous n'aurions pas imaginé.

“ *Le succès, c'est l'échec de l'échec.* ”

DELPHINE LAMOTTE, in *Il y a des vies...*
(Éditions des écrivains, 2003).

ÉTUDES DE CAS

Premier cas

Laurence, 36 ans, est à la recherche d'un emploi et parvient à rentrer dans le processus de recrutement d'une entreprise qui l'intéresse. Le poste à pourvoir couvre parfaitement le champ de ses compétences mais n'apporte pas grand-chose à sa créativité ni à son expérience. Elle enchaîne les entretiens, franchit les étapes... et finit par se voir écarter de l'embauche finale. Elle le vit alors comme un échec et s'interroge inévitablement sur les motivations de ce refus.

En l'occurrence, avec un peu de recul et d'objectivité émotionnelle, elle ressent en elle la justesse de cette issue. Elle n'était pas motivée pour les bonnes raisons. Et malgré sa précarité financière actuelle, elle décide de faire confiance au mouvement naturel de la vie et ses propres ressources pour prendre cet échec comme une chance. D'ailleurs, à peine s'est-elle autorisée cette acceptation qu'une opportunité en tout point harmonieuse pour elle se présente.

Finalement, la vie a été juste... En son temps.

Second cas

D'une autre manière, je me souviens d'un homme (Simon, 47 ans) – avec lequel je travaillais depuis quelque temps sur la sensation d'échec que lui laissait sa séparation – porteur d'une culpabilité énorme. Au fil de son cheminement, Simon découvre petit à petit le « cadeau caché » de cette situation. Il comprend qu'il a été trop souvent absent et qu'une relation se nourrit de la qualité du partage. Il comprend également qu'il n'a pas été quitté injustement. Cette prise de conscience lui permet d'entrevoir la possibilité d'une relation future plus harmonieuse et non une répétition absconse et inévitable de ce qu'il a vécu.

Des bénéfices de l'échec

De l'échec doit naître la remise en question, le dépassement de soi, la combativité, la créativité, essentiels pour écarter la souffrance et la répétition. D'ailleurs, toute recherche innovante n'est qu'un savant mélange de nombreux échecs et d'un peu de succès.

À l'inverse, l'absence d'échec, si elle existe – ce dont je doute –, génère l'orgueil, l'arrogance, la vanité, le sentiment de supériorité et un refus catégorique de l'échec comme source de connaissance.

Le seul véritable danger est de ne pas essayer, de ne pas tenter, de ne pas prendre de risque, et donc, de ne plus avancer. Il y a réussite quand j'entreprends et que je tire les enseignements des résultats de mes actions, que ces résultats soient immédiatement satisfaisants ou non.

> « *Le succès, c'est d'aller d'échec en échec sans perdre son enthousiasme.* »
>
> WINSTON CHURCHILL.

Outil 17

Quand les choses ne se passent pas comme vous voulez, c'est qu'elles veulent se passer mieux

Pour commencer...

Détendez-vous... respirez profondément par le ventre... je vous conseille de fermer les yeux un instant... laissez monter la phrase en vous en cérébralisant le moins possible... laissez-la résonner sans porter de jugement... laissez venir les images, les sensations, les idées sans vous y attacher particulièrement... notez ce qui en sort.

Voici une phrase-outil très polyvalente qui a le mérite d'apaiser la sensation d'échec et d'ouvrir sur notre capacité d'accueil. Je la dois à une amie très chère, qui me l'a confiée en ayant elle-même accepté de lâcher prise pour accueillir le meilleur d'elle-même.

Je combine souvent cette phrase avec ces deux-là : « La vie a toujours raison » et « La vie se marre ».

Tomber pour mieux repartir... plus loin

En fait, lorsque nous sommes frappés par un sentiment d'échec – alors que nous avons la sensation d'avoir tout fait, de nous être donné tous les moyens pour parvenir à nos fins –, cette phrase éclaire la situation différemment et ouvre sur une possibilité de dépassement, de transcendance.

Comme dans les chapitres précédents, cette transcendance peut s'appeler Vie, Dieu, Amour, l'Homme... Dans tous les cas, il s'agit d'admettre que tout n'est pas forcément horizontal, rationnel ou raisonnable, mais aussi bien vertical, magique, et que nous faisons partie d'un Tout avec lequel nous interagissons.

Plutôt que de nous raidir et de nous figer dans des sentiments et des émotions négatives, cette vision nous permet d'amorcer une ouverture, de nous mettre en position d'accueil. Un accueil de ce qui a été, de ce qui est... et de ce qui sera.

Si « la Vie a toujours raison »,
nous sommes dans la confiance de ce qui EST.

Question de point de vue

Notre arbitrage réside dans la façon de le vivre, de l'appréhender et de nous l'approprier.

Si « la Vie se marre », elle nous propose de l'humour, de la finesse d'esprit, de la dérision. Elle se marre, mais ne se moque pas de nous, même si elle fait parfois preuve d'espièglerie.

Il nous appartient de penser qu'elle se joue de nous ou, au contraire, de rire avec elle.

Je conçois qu'on ne puisse rire de tout, mais il est des situations qui, plutôt que de simplement les subir, pourraient aisément être dédramatisées par le rire ou la dérision.

J'ai souvent utilisé – pour moi-même comme pour les autres – ces phrases dans des contextes sentimentaux, des affaires de cœur.

Qui n'a jamais vécu de déboires amoureux en cherchant les raisons de ces échecs ?

Qui n'a jamais vécu de trahisons amicales en se questionnant sur la source de la douleur ?

Il est toujours bon de se questionner en profondeur, surtout pour savoir comment vivre les choses de façon plus fluide. Je ne dis pas « mieux » pour ne pas apporter de jugement de valeur à ce que l'on vit.

Le « mieux » est l'ennemi du « bien », dit-on ?

Le bon sens

Encore une fois, je préfère reprendre la notion de justesse de ce qui nous arrive et d'y trouver les motifs d'un élargissement de notre vision.

Je souffre parce que ça doit avoir du SENS, pour moi comme pour le TOUT. Ce sens ne peut être vu à la seule aune de notre souffrance, de notre présent. Il faut s'éloigner de la source pour mieux la voir, prendre du recul, prendre le temps de l'apaisement.

Il ne s'agit pas là de se résoudre à souffrir mais, bien au contraire, de s'extraire de la souffrance pour ne plus reproduire ses causes.

Le chemin est parfois long. Pourtant, personne n'a eu à le regretter.

> “ *Je me dis que ce n'est pas si simple que ça*
> *de reconnaître ses fautes*
> *Le monde est ainsi fait, n'est-ce pas ?*
> *Mais peut-il réellement se faire sans nous ?*
> *Peut-il réellement se faire sans toi ?* ”

Extrait de la chanson *Mon amour,*
d'Abd Al Malik.

Le monde ne peut se faire sans nous, puisque nous y sommes, et il nous appartient de porter notre pierre à son édifice. Pour ce faire, il nous faut comprendre ce que la Vie attend de nous et nous propose.

ÉTUDE DE CAS

J'ai encore en tête l'histoire de Philippe, 62 ans, trois enfants, tout juste sorti d'une rupture violente avec son ex-femme. Nous avons passé trois ans à tenter de comprendre les ressorts de ce qu'il appelait son « échec ». Durant cette période de grande introspection, il avait rencontré Naïma, une femme qu'il ne parvenait pas à accueillir, incapable qu'il était de se libérer de cette colère envers lui-même et son ex-femme.

Lors d'une séance, je lui ai donc glissé cette phrase...

« Quand les choses ne se passent pas comme vous voulez, c'est qu'elles veulent se passer mieux. »

Il a fini par comprendre que la vraie question de son cheminement n'était pas « pourquoi » mais « comment », non « pourquoi j'ai échoué » mais « comment je vais réussir ».

Nous devons admettre ne pas avoir réponse à tout.
Cette phrase en est une amorce.

Quel bonheur de quitter le registre des sensations pour celui de la transcendance !

> “*Il n'y a qu'une seule chose importante dans nos vies : vivre notre Légende Personnelle, la mission qui nous a été destinée. Mais nous finissons toujours par nous encombrer de vaines occupations, qui détruisent nos rêves.*”
>
> PAOLO COELHO, in *Maktub*
> (J'ai Lu, 2004).

Outil 18

Je suis responsable de ce que je vis

Pour commencer…

Détendez-vous… respirez profondément par le ventre… je vous conseille de fermer les yeux un instant… laissez monter la phrase en vous en cérébralisant le moins possible… laissez-la résonner sans porter de jugement… laissez venir les images, les sensations, les idées sans vous y attacher particulièrement… notez ce qui en sort.

Voilà une bien belle notion que celle de responsabilité ! Que recouvre-t-elle ? Est responsable celui qui répond de ses actes, en toute conscience, en toute liberté. Conscience que tout est choix – y compris celui de ne pas en faire – et conséquences. Liberté de choisir ses actes, ses pensées sans en référer à quiconque.

Aristote est le premier à aborder le concept de responsabilité en termes individuels. Auparavant, le responsable se limitait au statut de bouc émissaire, de coupable. Le philosophe grec affirme que l'homme doit répondre de ses actes dès lors qu'il a pris l'initiative d'agir, et qu'il est même responsable de son irresponsabilité.

C'est pas lui, c'est *moi* !

Quel que soit l'acte, l'individu prend toujours une décision, celle de faire ou de ne pas faire. La logique de la responsabilité est rigoureuse et exigeante. Il n'est pas possible de se défiler. On doit toujours accepter la paternité de ses actes.

Lorsque quelqu'un prétend « je ne l'ai pas fait exprès », il a malgré tout sa responsabilité, celle de ne pas avoir été suffisamment attentionné, celle d'avoir été négligeant, d'avoir ignoré les ressorts de la situation, d'avoir manqué d'anticipation... À ce titre, on pourrait lui répondre : « La prochaine fois, fais exprès de ne pas le faire ! »

> “*L'homme est ce dont il est responsable.*”
>
> ANTOINE DE SAINT-EXUPÉRY
> in *Citadelle* (Folio, 2000).

Le plaisir d'être responsable

La responsabilité individuelle revêt en outre un aspect positif. Elle induit un cercle vertueux par le biais de la fierté qu'elle procure, la fierté de montrer ses capacités et de se donner les moyens de les exprimer.

Prenez un enfant et confiez-lui une responsabilité. Il va se sentir immédiatement investi d'une mission et se montrer fier. Il s'attachera, coûte que coûte, à montrer qu'il est capable de faire ce qu'on lui demande et mettra tout en œuvre pour que ça marche.

La véritable morale consiste à supporter soi-même les conséquences de ses actes et à ne pas imposer aux autres le fardeau de ses inconséquences. Au fond, seul celui qui est responsable de soi est vraiment solidaire des autres.

> “ *L'homme de bien cherche en lui-même,*
> *l'homme mesquin cherche chez autrui.* ”
>
> CONFUCIUS.

Responsabilité n'est pas culpabilité

Il est capital de faire la différence. Par définition, la culpabilité est la résultante d'un jugement. Est coupable un individu reconnu comme tel au vu de ses agissements.

Le sentiment de culpabilité est un jugement que porte une personne sur elle-même. Trop souvent irrationnel et infondé, ce sentiment est difficilement réparable ; très largement hérité d'une société judéo-chrétienne où la notion de faute, de péché a permis tout à la fois l'embrigadement d'une population donnée et la déresponsabilisation de l'individuel au profit du collectif. Dans ce cadre, un coupable est plus manipulable qu'un responsable. Comment dissiper une faute que l'on n'a pas commise ?

ÉTUDE DE CAS

Nathalie, 31 ans, considérait être « coupable » de tout ce qui lui arrivait, absolument tout, sans discernement, sans recul, immanquablement. Elle se sentait responsable (dans le mauvais sens du terme) de tous les maux de son entourage, en plus des siens.

« Comment pourrais-tu être coupable de tout et responsable de tous ? Ça ressemble presque à de l'orgueil !

— Je ne vois pas bien comment m'enorgueillir de tout ça, me répond-elle.

— C'est pourtant bien de l'orgueil que de penser être au centre de tout... »

Évidemment, il lui a fallu quelques mois pour comprendre cette notion de suffisance et entrevoir les réponses.

« Demande-toi quel bénéfice tu retires à te sentir ainsi coupable.

— Être coupable me permet d'alimenter mon sentiment de rejet, ce sentiment de n'être pas aimée, ni de moi-même, ni des autres... »

Dès lors, il lui apparaissait évident qu'elle devait sortir de sa zone de confort (ses habitudes) et enfin devenir véritablement actrice de sa vie, vraiment responsable.

Ce sentiment de culpabilité est intimement lié à la triade victime-sauveur-persécuteur, parfaitement synthétisée dans le triangle de

Karpman, un concept simple et puissant d'analyse transactionnelle.

LE TRIANGLE DE KARPMAN[1]

En 1968, Stephen Karpman, psychologue américain et précurseur de la thérapie d'analyse transactionnelle, a mis en évidence un modèle de détection et d'analyse des jeux psychologiques appelé « triangle dramatique ». Ce scénario porte sur une dynamique qui implique trois rôles :

- **une victime** qui se sent inférieure et va rechercher (malgré elle) un sauveur ou un persécuteur ;
- **un sauveur** qui perçoit la victime comme inférieure et lui vient en aide à partir d'une position supérieure ;
- **un persécuteur** qui persécute en agressant, humiliant ou rabaissant la victime.

Dans chacun des trois rôles, il est intéressant de noter qu'aucun ne perçoit la réalité et les choses telles qu'elles sont. Le drame commence lorsque ces rôles sont établis ou qu'ils sont pressentis, et ils se concrétisent au moment où il y a un changement dans le rôle des intervenants.

1. À propos du « triangle dramatique », lire sur le site officiel de Stephen Karpman http://www.karpmandramatriangle.com/dt_article_only.html

Coupable ou victime, faut-il choisir ?

Si vous êtes victime de ce que vous vivez, vous aurez tout loisir de trouver une personne à même de jouer le persécuteur ou le sauveur. Même s'ils intervertissent leur rôle, par ce que vous leur aurez fait faire (malgré vous), vous serez toujours la victime, dans la mesure où vous ne prendrez pas la responsabilité de vos actes.

En d'autres termes, ce sentiment est lié au « jeu psychologique » que nous jouons avec les autres et selon lequel nous portons la responsabilité de tout et de tous. La culpabilité est un sentiment dévastateur sur l'estime de soi. Il génère en outre une sensation de dette envers la ou les personne(s) « touchée(s) » par la faute. Cette dimension de dette est une caractéristique des civilisations judéo-chrétiennes. D'autres, comme les cultures orientales, sont plutôt marquées par la question de la honte, selon une problématique qui s'adresse au groupe dont on est issu.

> *« Donnez-moi la sérénité d'accepter les choses que je ne peux pas changer, le courage de changer celles que je peux et la sagesse d'en connaître la différence. »*
>
> Marc Aurèle.

La culpabilité enferme là où, à mon sens, la responsabilité libère, nous rend acteurs de nos vies, nous permet d'agir sur les choses.

Comprendre et admettre que « je suis responsable de ce que je vis » me permet de changer les choses qui m'incombent. Le tout étant d'avoir la juste perception de ce sur quoi on peut agir ou pas.

Regardons les choses telles qu'elles sont, prenons nos responsabilités sans jugement et donnons-nous la possibilité de changer ce qui ne nous convient plus (ou pas) et d'entretenir, dans la mesure du possible, ce qui nous convient.

ÊTRE RESPONSABLE DE CE QUE L'ON VIT
DONNE UNE DIMENSION MERVEILLEUSE À LA VIE.

Outil 19

Faire les questions et les réponses, un prétexte pour ne pas oser

Pour commencer...

Détendez-vous... respirez profondément par le ventre... je vous conseille de fermer les yeux un instant... laissez monter la phrase en vous en cérébralisant le moins possible... laissez-la résonner sans porter de jugement... laissez venir les images, les sensations, les idées sans vous y attacher particulièrement... notez ce qui en sort.

Ce n'est pas la peine que je lui dise, je suis sûr il s'en fiche ! Oh ! Je sais très bien ce qu'elle va me répondre... !

Je ne vais pas y aller, de toute manière, ils n'auront pas le temps...

Je ne vais pas lui demander, il ne pourra pas m'aider...

Etc., etc., etc.

Voilà ce que signifie « faire les questions et les réponses » ! C'est l'art et la manière de répondre à la place des autres sans même leur avoir posé la question.

Double-vue sans visibilité

Et elles sont légion ces situations où, sans même nous en rendre compte, nous enclenchons ce mécanisme, un drôle de jeu (illusoire) censé nous épargner un échec hypothétique, une déconvenue imaginaire, un refus qui n'a même pas eu le temps d'exister... Mais ce qui nous met à l'abri d'une éventuelle mauvaise surprise nous met à l'abri d'une bonne surprise potentielle.

Qu'importe ! L'essentiel est de répondre pour nous-même, nous n'avons pas à répondre à la place d'autrui.

Par ailleurs, pourquoi devrais-je absolument m'attendre à quelque chose ?

« Oh ! Je sais bien qu'il/elle ne voudra pas ! »

Ah, bon ?! Comment faites-vous pour le savoir si vous ne lui avez pas posé la question ? Pourquoi imaginer une issue négative ? Pourquoi ne pas simplement vérifier ? Il est tellement plus simple de poser des questions – même d'une évidence absolue – que d'y répondre par anticipation.

C'est que répondre à la place de l'autre nous évite de nous mettre en situation de demande :

- Est-ce que tu m'aimes ?
- Est-ce que ça te dirait d'aller au cinéma avec moi ?

- Est-ce que tu pourrais m'aider ? je n'y arrive pas tout seul.
- Je voudrais rester seule, ça ne te dérange pas ? »

> “*Celui qui pose une question risque cinq minutes d'avoir l'air bête. Celui qui ne pose pas de question restera bête toute sa vie.*”
>
> PROVERBE CHINOIS.

Un jeu bien solitaire

Je sais que « demander » n'est pas chose aisée pour tout le monde. Beaucoup font rimer ça avec « quémander » et son cortège humiliant. Pourtant, c'est encore la meilleure façon de faire comprendre ses besoins à l'autre, de comprendre les siens en retour et d'aller à l'essentiel.

En succombant au jeu solitaire des questions/réponses, nous sommes soit dans une logique de transfert – transfert sur l'autre de ce que nous aurions pu répondre nous-mêmes –, soit dans une dynamique de validation de nos croyances.

Exemples :
- « Tu m'écoutes ? Non, tu ne m'écoutes pas... »

Croyance = « De toute manière, tu ne m'écoutes jamais ! »

- « Tu n'en prendras pas, n'est-ce pas ? »
Croyance = « Je sais, tu n'aimes pas ce que je fais… »

- « Tu n'es pas libre demain soir, évidemment ? »
Croyance = « Tu n'as jamais de temps pour moi ! »

Une demande en bonne et due forme

« Faire les questions et les réponses » peut apparaître d'une certaine utilité – nous protéger d'une émotion désagréable de refus, de rejet ; valider nos croyances ; nous épargner l'effort de la demande… – mais cela pousse surtout au contrôle de soi, à la surprotection face à l'autre et ses réactions imprévisibles, à la fermeture. Haro sur le partage et la communication !

> “ *Toute réponse est aussi une question.* ”
>
> YVON RIVARD, in *L'Ombre et le Double*
> (Éditions du Boréal, 2012).

Plutôt que de répondre aux questions que vous vous posez, quelle que soit leur importance, je vous propose d'oser les poser aux intéressés – à vous-même parfois – et d'attendre la réponse.

VOUS NE PRENDREZ AUCUN AUTRE RISQUE
QUE CELUI DE SAVOIR ENFIN
À QUOI VOUS EN TENIR VRAIMENT.

Outil 20

La violence commence là où les mots s'arrêtent

Pour commencer...

Détendez-vous... respirez profondément par le ventre... je vous conseille de fermer les yeux un instant... laissez monter la phrase en vous en cérébralisant le moins possible... laissez-la résonner sans porter de jugement... laissez venir les images, les sensations, les idées sans vous y attacher particulièrement... notez ce qui en sort.

Qu'elle soit physique ou morale, la violence est un phénomène complexe qui peut revêtir des formes et des dimensions différentes. Elle se trouve partout où il y a des êtres humains.

Nous aborderons ici plus particulièrement la violence qui s'exerce sur l'individu lorsque celui-ci ne peut verbaliser, exprimer, dialoguer, communiquer.

Le poids des mots

Parler soulage des maux du corps et de l'esprit. Qu'ils soient prononcés pour soi-même – lors d'une thérapie par exemple – ou avec d'autres (dialogues, débats, explications...), les mots nous libèrent, expriment notre pensée, nous font comprendre de l'autre autant qu'ils nous éclairent sur son compte.

En nous privant volontairement de parole, nous empêchons toute chance de connaissance, de reconnaissance de soi et des autres. Le verbe nous permet de construire notre pensée et de la faire entendre, de dénouer des problématiques conscientes ou inconscientes.

Les mots nous confrontent, nous présentent, nous définissent. Jacques Lacan disait que « l'inconscient est structuré comme un langage... », un langage qui nous est propre. Les mots ont bien un sens commun propre à une langue, mais ils peuvent avoir des valeurs différentes selon celui qui les prononce.

Les mots pour se comprendre

Les mots prennent leur source dans notre inconscient. Voilà pourquoi, en nous exprimant, ce dernier se révèle à nous, il se libère en même temps que nous. L'inconscient est ce qui bouge entre les mots, entre les maux, qui les articule et permet de s'en libérer. Il nous échappe parfois et vient alors prendre la forme d'un lapsus. Mais, surtout, il nous relie à nous-mêmes et aux autres.

« La violence commence là où les mots s'arrêtent » évoque tout autant le mal que l'on se fait en se taisant, en frustrant notre communication, en murant notre partage, que le mal que nous fait l'autre en ne nous parlant pas.

En venir aux mots évite souvent d'en venir aux mains.

Qui n'a jamais connu cette violence intérieure que l'on peut ressentir quand on cherche des réponses, des explications, que l'on sollicite un partage avec l'autre et que se dresse devant nous le mur de son silence ou de son absence ? Dans une dispute, le mutisme est une arme psychologique bien supérieure à toute autre. Le résultat est souvent l'emballement de la colère, voire l'hystérie de celui/celle auquel il s'impose.

> “*Le silence est la vertu des sots.*”
>
> FRANCIS BACON,
> in *Apophtegmes vieux et nouveaux.*

Parler, mettre en mots évite une grande part de violence et peut désamorcer l'agressivité.

De toutes les souffrances que les autres ont pu m'infliger dans ma vie, je n'en ai pas connu de plus violentes, de plus frustrantes que le silence inopiné, brutal et non expliqué d'un proche.

ÉTUDES DE CAS

Premier cas

Sophie a 21 ans lorsque son meilleur ami (presque un frère !), avec lequel elle a grandi et partagé tant d'expériences (bonnes et mauvaises) décide subitement de ne plus lui adresser la parole, de ne même plus la regarder.

Elle n'a jamais réussi à savoir ce qui avait motivé une décision si brutale. Elle a bien tenté de le contacter, lui a écrit mais rien n'y a fait. Ce silence subit l'a hantée pendant des années, peuplant ses nuits de cauchemars où l'Autre ne vous reconnaît plus. En l'absence d'explications, Sophie en a conçu les pires interprétations, évidemment.

Second cas

Thibault est le petit troisième au sein d'une famille a priori normale. À l'âge de 8 ans, alors que rien ne le présageait, il plonge dans un profond mutisme. Du jour au lendemain, plus rien ni personne ne peut lui soutirer le moindre mot.

Rapidement, les parents entreprennent des démarches auprès de médecins réputés, des plus grands spécialistes du langage et de la pédopsychiatrie, sans aucun résultat. Les retards scolaires commencent à se faire sentir. La vie de famille en pâtit.

Un jour, Caroline, la mère, à bout de forces, débute une thérapie personnelle d'où il resurgit que sa propre mère a été étranglée par son mari. Personne dans la famille n'en parlait jamais, au point qu'elle avait fini par se demander si cet événement avait réellement existé. Le mari de Caroline – et père de Thibault – n'en avait lui-même jamais rien su.

Au fil de sa thérapie, Caroline parvient à mettre des mots sur ses souvenirs, ses blessures profondes ainsi que celles de l'enfant qu'elle fut.

Le lendemain d'une séance cathartique, Thibault se remet tout naturellement à parler, comme si de rien n'était.

Les mots pour le dire

Nous l'avons déjà vu (lire « Le corps des enfants raconte l'histoire des parents », p. 79), les secrets de famille se transmettent des parents aux enfants. Ainsi, les enfants qui grandissent au sein de familles chargées en lourds secrets – pouvant remonter à plusieurs générations – présentent souvent des troubles psychologiques (hyperactivité, comportements colériques, insomnies, manque de concentration, difficultés de l'apprentissage scolaire). Qu'il soit conscient ou inconscient, le traumatisme qui n'a pu trouver à s'exprimer se révèle des plus néfastes.

Dans ces cadres familiaux, il ne s'agit pas de savoir qui est victime ou bourreau, il ne s'agit pas de savoir où est la vérité, il s'agit avant tout de permettre le pardon et la guérison en parlant.

> “ *Notre vie commence à se terminer le jour où nous devenons silencieux à propos des choses qui nous importent.* ”
>
> MARTIN LUTHER KING.

Je sais que pour certains il ne semble plus possible de revenir sur le confort (apparent) du silence.

Il s'agit pourtant d'un mauvais calcul. Le silence, comme la cigarette, distille son réconfort trompeur ; comme pour la nicotine, le temps est le meilleur allié des non-dits, installant la rancœur, la colère, l'isolement, le jugement, le sentiment d'abandon, l'injustice pour mieux abîmer le corps et générer la somatisation.

Réfléchissez à ce que vous préférez transmettre. Voyez où vont votre courage et votre satisfaction.

Les mots semblent parfois périlleux mais,
quoi qu'ils verbalisent, ils valent mieux
que toutes les affres de leur absence.

RELAIS CIVIQUE

Faire lire *Les Trois Mousquetaires* à des mineurs délinquants pour pallier leur carence culturelle et canaliser leurs comportements violents, tel est le pari du Relais civique, créé par l'écrivain Alexandre Jardin.

« La philosophie de ce projet est fondée sur un adage : là où s'arrêtent les mots commence la violence, explique Pascal Guénée, président de l'association. Des juges pour enfants nous avaient fait remarquer que la plupart de ces jeunes ne comprenaient pas les discours qu'on leur tenait. »

Cette opération, baptisée « 1 000 mots », a été expérimentée pendant deux ans à la maison d'arrêt de Villepinte (Seine-Saint-

▶

Denis). Dix-sept détenus, âgés de 15 à 17 ans, ont lu *Les Trois Mousquetaires* en tête à tête avec un bénévole, avec arrêt obligatoire sur chaque mot inconnu, recherche de sa définition, inscription dans un répertoire et récitation à la séance suivante.

« Ces jeunes ont un lexique de 200 ou 300 termes au maximum, explique Yves Sultan, enseignant à la maison d'arrêt de Villepinte. L'opération leur permet de l'enrichir et, surtout, d'exprimer leurs émotions avec des mots. Là, on peut commencer à désamorcer les mécanismes de la violence. »

C'est aussi ce qu'espèrent les ministères de la Justice et de l'Éducation, qui ont décidé d'étendre ce dispositif expérimental à la maison d'arrêt de Loos (Nord), à un établissement de la Protection judiciaire de la jeunesse de Bruay-la-Buissière (Pas-de-Calais), et aux « classes relais » du collège Jean-Jaurès de Lens (Pas-de-Calais). Le centre éducatif fermé de Beauvais (Oise) pourrait bientôt rejoindre la liste.

Outil 21

Les femmes pensent que les hommes vont deviner leurs besoins tandis que les hommes pensent que les femmes vont les exprimer

Pour commencer...

Détendez-vous... respirez profondément par le ventre... je vous conseille de fermer les yeux un instant... laissez monter la phrase en vous en cérébralisant le moins possible... laissez-la résonner sans porter de jugement... laissez venir les images, les sensations, les idées sans vous y attacher particulièrement... notez ce qui en sort.

Combien de femmes ai-je entendu dire : « Je ne lui ai pas dit mais il aurait dû le sentir !... », « Il n'a pas deviné alors que c'était évident !... », « Il ne me connaît pas, sinon il aurait compris sans que j'aie à lui dire... », « Ce n'est pas du tout le cadeau que je voulais, il ne fait pas attention à moi... », etc.

Combien d'hommes ai-je entendu dire : « Elle aurait pu le dire avant !... », « Comment voulait-elle que je le devine ? », « Elle cachait bien son jeu... », etc.

Le jeu des différences

Il y a tellement d'occasions de ne pas se comprendre entre hommes et femmes ! Voilà pourquoi il faut admettre une fois pour toutes que l'homme et la femme ne partagent pas tant de différences fondamentales, et qu'il leur appartient de jeter des passerelles entre eux, de mettre moins de projections et plus de compréhension.

S'exprimer et éviter le jeu des questions/réponses (lire « Faire les questions et les réponses, un prétexte pour ne pas oser », p. 155) en pensant que l'autre nous ressemble sont des règles d'or pour bénéficier de relations harmonieuses.

Par ailleurs, il est intéressant de constater que ce qui nous sépare, outre les différences d'éducation, de culture et de développement personnel, réside dans de nombreuses différences neurobiologiques expliquées par les lois naturelles de l'évolution humaine. Cette dynamique d'adaptation aurait modelé nos cerveaux et nos organes sensoriels à travers l'action conjuguée des hormones et des neurotransmetteurs.

Fort de ce constat, nous pouvons alors sortir du jugement stérile en nous enrichissant de nos particularismes.

Gènes, mode d'emploi

Dans l'aventure du décryptage du génome humain, nous pouvons noter que le patrimoine génétique de l'homme et de la femme diffère de 5 %. Ça ne vous parle peut-être pas, mais si je vous dis que le patrimoine génétique de l'être humain et du singe ne diffère que de 1,6 %, vous comprendrez où je veux en venir. Ainsi, il y aurait plus de similitudes entre l'Homme et le singe, qu'entre l'homme et la femme ! ? Sans commentaire ! Mais au moins peut-on en rire !

Regardons de plus près quelques-unes de nos différences notables :

- Les avancées des neurosciences semblent pouvoir établir que le lobe cérébral gauche (ou cerveau gauche) est plus développé chez la femme, et que le lobe cérébral droit (ou cerveau droit) est plus développé chez l'homme, contrairement aux idées reçues.
- On sait aussi que l'homme est plus latéralisé que la femme, c'est-à-dire qu'il agit de façon plus spécialisée, moins globale. Ce constat donne lieu à de nombreuses différences qui deviennent amusantes quand elles ne sont pas le fruit d'une interprétation émotionnelle ou d'une croyance infondée.

En voici quelques exemples :

- La femme peut aisément faire plusieurs choses en même temps, contrairement à l'homme, qui lui, se concentrera sur chaque tâche successivement.
- La femme communique plus et a davantage besoin de s'exprimer verbalement.
- L'homme est plus centré sur l'action et la compétition.
- La femme est moins émotive que l'homme (eh oui !) et l'homme a des difficultés à exprimer ses émotions.
- La femme est orientée dans le temps ; l'homme est orienté dans l'espace.
- La femme a besoin de concret quand l'homme s'épanouit aisément dans l'abstrait.

Globalement, la femme a les sens beaucoup plus développés :

- Son ouïe est plus fine (d'où l'importance des mots doux, du timbre de la voix, de la musique).
- Son toucher est plus sensible. L'ocytocine et la prolactine (hormones de l'attachement et des caresses) multiplient leur besoin de toucher et d'être touchées.
- Son olfaction est jusqu'à cent fois plus développée que celle de l'homme, particulièrement à certaines périodes du cycle menstruel.
- Son organe voméronasal ou organe de Jacobson (situé sous la surface intérieure du nez et spécialisé dans la détection des phéromones) agit comme un véritable sixième sens chimique et relationnel en percevant les phéromones qui

traduisent plusieurs formes d'émotions (désir sexuel, colère, crainte, tristesse...) ; chez l'homme, cet organe est atrophié et ne joue pas un rôle prépondérant.
- Et enfin, concernant la vue, elle est davantage développée et érotisée chez l'homme. Cependant, la femme dispose d'une meilleure mémoire visuelle.

Tes différences sont plus belles que les miennes

Comme le souligne le psychologue clinicien et psychothérapeute Serge Ginger[1], toutes ces différences biologiques et hormonales entre hommes et femmes donnent lieu à d'intéressantes observations :
- Une femme qui n'est pas heureuse dans ses relations a du mal à se concentrer sur son travail ; un homme qui n'est pas heureux dans son travail a du mal à se concentrer sur ses relations.
- Les femmes parlent sans réfléchir ! Les hommes agissent sans réfléchir !
- La femme a besoin d'intimité pour apprécier la sexualité ; l'homme a besoin de sexualité pour apprécier l'intimité.
- Lorsqu'on pose un ballon par terre, les garçons shootent ; les filles le ramassent et le serrent contre leur cœur.

1. Lire « Cerveau féminin-cerveau masculin », in revue *Psychologies* n° 221 (juillet-août 2003). Conférence visible également sur http://www.psycho-ressources.com/bibli/femmes-et-hommes.html

La connaissance de ces particularismes physiques, biologiques et hormonaux ne doit pas nous faire perdre de vue que l'homme et la femme sont bien plus semblables que différents. Il n'est d'aucun intérêt de les opposer, au contraire.

Et quand je dis « l'homme et la femme », je devrais parler en fait de la part féminine et de la part masculine (appelées aussi *anima* et *animus*), présentes toutes deux en chacun de nous. Leurs différences s'exercent dans nos relations aussi bien qu'en nous-mêmes.

Comprendre nos différences peut nous amener à en sourire et à mieux les appréhender lorsque le conflit pointe son nez.

ÉTUDE DE CAS

Fatima (41 ans) et Antonio (45 ans), deux enfants et encore liés par un amour profond ne parviennent pourtant plus ni à communiquer ni à faire des choses ensemble. Fatima n'a de cesse d'anticiper les désirs de son mari en s'étonnant qu'il ne fasse pas de même pour elle. À l'inverse, Antonio ne comprend pas pourquoi Fatima n'exprime pas ses désirs et ses besoins, expliquant qu'il n'a aucune idée de ce qui pourrait lui faire plaisir ou de ce dont elle peut souffrir. Par conséquent, il a l'impression d'être sans arrêt à côté de la plaque, en échec total avec elle. Fatima, elle, a tout le temps l'impression d'être frustrée… Ils étaient bloqués par leurs projections réciproques !

Une fois ce mécanisme saisi en toute conscience, ils ont compris que leur harmonie résidait dans la convergence « intelligente » de leurs cheminements personnels respectifs. Terminées les projections inutiles, place à l'écoute de leurs différences et au partage de leur singularité.

Et si...

Pour en revenir aux femmes, elles pourraient ainsi économiser leurs mots pour s'adresser aux hommes qui, eux, ont besoin de phrases courtes et concises. Les hommes pourraient cesser de croire que les femmes compliquent tout et qu'elles ont juste besoin de partager leurs émotions. Et surtout, les femmes pourraient apprendre à exprimer leurs besoins et les hommes à essayer parfois de les deviner.

La connaissance peut assouplir la nature, d'autant que l'on estime que 20 % d'hommes ont un cerveau « féminisé » et 10 % de femmes un cerveau de type masculin. Chacun ferait un pas vers l'autre, nos relations en seraient vivement simplifiées et amplifiées, et notre paix intérieure s'en trouverait décuplée.

> “ *Les femmes peuvent déplorer l'esprit de compétition de l'homme, mais c'est cette compétition qui amène les hommes à se surpasser et à atteindre les plus hauts sommets, que ce soit l'Everest, les*

sports extrêmes, le fait d'être Premier Ministre ou d'aller bientôt sur Mars. Les hommes peuvent trouver agaçants les "mémérages" des femmes, mais c'est comme ça qu'elles tissent des liens, qu'elles comprennent leurs semblables, qu'elles deviennent psychologues et apprennent à prendre soin des autres. »

YVON DALLAIRE, in *Chéri(e) parle-moi ! Les règles pour améliorer la communication homme-femme* (Jouvence, 2009).

Outil 22

Mieux vaut apprendre à nager que d'attraper une bouée

Pour commencer...

Détendez-vous... respirez profondément par le ventre... je vous conseille de fermer les yeux un instant... laissez monter la phrase en vous en cérébralisant le moins possible... laissez-la résonner sans porter de jugement... laissez venir les images, les sensations, les idées sans vous y attacher particulièrement... notez ce qui en sort.

Entre cacher la poussière sous le tapis et passer l'aspirateur, entre mettre un bout de scotch et réparer soigneusement un objet cassé, entre « faire » à la place de l'autre et prendre le temps de lui apprendre, entre rompre avec quelqu'un sans comprendre et tenter de comprendre pour éviter de rompre, nous avons tous – parfois – une tendance à choisir la facilité.

Laisse-moi faire !

De fait, en agissant à la place de notre enfant, d'un ami ou d'un collègue, nous pensons gagner du temps, car nous jugeons qu'ils ne sont pas capables de « bien faire », en tout cas de faire « aussi bien » que nous.

Certes, transmettre une information ou son savoir-faire peut être vécu comme une forme de contrainte. De même, maîtriser un sujet ou une technique – et sortir ainsi de l'approximation et de l'amateurisme – demande autant d'efforts.

J'en conviens, le chemin de la connaissance – en général et de soi en particulier – est bien plus ardu que le simple confort des croyances et des principes.

La connaissance s'enrichit de son partage

Nous aimerions tous trouver les moyens de satisfaire – de la manière la plus simple – nos attentes et nos besoins, de même que les attentes et les besoins de ceux qui nous entourent. Nous recherchons tous l'autonomie pour soi et pour ceux à qui l'on transmet.

L'autonomie, c'est apprendre à nager ;
la dépendance, c'est d'attraper une bouée.

Il est nécessaire de pouvoir apprendre des autres, d'apprendre à savoir faire par nous-même.

Lorsque je fais appel systématiquement – par paresse, par facilité, par manque de confiance en soi… – à une tierce personne pour des besoins récurrents, pourquoi ne pas envisager d'apprendre pour m'en sortir seul ? Quand j'ai besoin de recoudre un bouton, pourquoi le demander à quelqu'un d'autre ? Pourquoi ne pas le faire moi-même ?

Il n'est pas question de conclure que l'on peut tout faire soi-même ou que l'on peut tout apprendre à autrui ; chacun ses talents et ses compétences. C'est surtout la complémentarité qui est intéressante. Nous parlons juste d'autonomie, de transmission et de la possibilité d'apprendre toujours et tout le temps.

Des règles !? Pour quoi faire ?

Il en va de même en termes d'éducation. Il est toujours plus facile de céder à un enfant, d'être le « gentil adulte » et de répondre à son désir. Pourtant, l'enfant a besoin de limites et d'interdits, et doit apprendre la frustration. Il a besoin de figures parentales pour se structurer, apprendre ce qui se fait ou ne se fait pas… même s'il est difficile pour vous de le voir pleurer et d'imaginer qu'il vous en aimera moins.

L'enfant a besoin de votre confiance, de vos caresses et de votre amour inconditionnel, mais il est tout aussi primordial que vous le cadriez, que vous lui appreniez les limites ; croyez-moi, il vous en sera reconnaissant.

Avec votre enfant comme dans le reste de votre vie, penser à court terme est préjudiciable, jeter une bouée n'est pas secourir, faut-il encore savoir comment s'en servir.

ÉTUDE DE CAS

Marion, 28 ans, vient avec sa fille Camille, 6 ans. La première trouve la deuxième trop réservée et surtout trop timide dans sa vie scolaire.

Après quelques rounds d'observation, je lui fais remarquer gentiment mais clairement...

« Marion, j'ai suggéré à votre fille de faire un dessin et, en l'espace d'une demi-heure, vous l'avez déjà reprise trois fois sur « on ne fait pas les têtes comme ça... la mer, c'est bleu... les arbres sont plus grands... » Comment voulez-vous que votre fille développe sa créativité si vous la reprenez sans cesse ? À mon sens, vous feriez mieux de prendre le temps de lui transmettre ce savoir et la laisser faire plutôt que la reprendre en ne lui apprenant pas ce que vous savez...

Finalement, Marion et Camille se sont inscrites à un cours de dessin, ensemble, dans lequel Camille a su développer un véritable talent et Marion a montré... une véritable incapacité à dessiner.

Ce qui nous rassemble nous fait nous ressembler

Nous sommes tous détenteurs de savoirs, de richesses qu'il est intéressant de partager, de transmettre. Pour cela, il faut se donner le temps. Notre société a tendance à privilégier l'instantanéité et le confort immédiat de la consommation : on achète plus qu'on ne réalise, on survole plus qu'on n'assimile.

L'individualisation forcenée développe des comportements qui nous isolent, alors que le partage de savoir, le temps de la transmission et de l'apprentissage nous rassemblent.

Notre petite phrase – « Mieux vaut apprendre à nager plutôt que d'attraper une bouée » – suggère que nous tentions plus souvent de nous donner les moyens de notre présent et de notre avenir. Une invitation à l'autonomisation…

Je peux lui apprendre à cuisiner tandis qu'il/elle m'apprendrait à faire les comptes. Je peux lui transmettre le goût de la lecture tandis qu'il/elle m'initierait au plaisir du jeu. Je peux lui donner les clés pour me comprendre tandis qu'il/elle m'expliquerait comment lui faire confiance…

> “ *Dis-moi et j'oublierai, montre-moi et je me souviendrai, implique-moi et je comprendrai.* ”
>
> CONFUCIUS, in *Préceptes de vie* (Points, 2009).

Cette phrase marche aussi pour soi-même, à savoir que nous n'avons pas à nous contenter de laisser faire par les autres ce que nous pouvons apprendre à faire par nous-même. Cette phrase, qu'elle soit prise en transmission ou en acquisition, nous renvoie à une autonomie affective et comportementale. Il est toujours intéressant de se demander si nous préférons la liberté de l'autre à son assujettissement ou, de même, si nous préférons notre autonomie à notre dépendance.

> “ *Il faut mener un homme, tout homme, jusqu'à lui-même et lui apprendre à se construire.* ”
>
> JEAN GUÉHENN,
> in *Ce que je crois* (Grasset, 1964).

Outil 23

Le confort affaiblit tandis que l'adversité renforce

Pour commencer...

Détendez-vous... respirez profondément par le ventre... je vous conseille de fermer les yeux un instant... laissez monter la phrase en vous en cérébralisant le moins possible... laissez-la résonner sans porter de jugement... laissez venir les images, les sensations, les idées sans vous y attacher particulièrement... notez ce qui en sort.

Voilà le genre de constat qui dérange... Le confort est une quête raisonnable visant à améliorer notre existence et dont chacun possède sa propre conception, sa propre définition. Mais il semble que ce soit une quête sans fin. Car, une fois que nous avons atteint notre objectif, il ne suffit déjà plus.

Un droit fondamental

Il n'est pas question de renoncer à tout ce qui contribue au confort douillet de notre vie, mais il ne s'agit pas non plus de s'y enfermer, de se laisser prendre par sa torpeur. Parce que l'intelligence et l'acuité de nos sens se renforcent dans la tempête, que le corps se muscle dans l'effort, dans la contrainte, il nous appartient de ne pas prendre pour acquis ce que nous avons construit ou conquis. Nous ne pouvons aller contre cette logique qui implique que le confort, au sens de bien-être, d'agrément, d'aisance, voire de luxe, nous affaiblit dans ce qu'il a de statique. Nous pouvons le savourer mais ne pas nous y enfermer, ni en dépendre.

Et nous ne parlons pas ici que du confort matériel. Le confort moral est bien plus redoutable car c'est celui qui fait des idées préconçues de grands principes.

D'ailleurs, il paraît à tous évident que pour muscler le corps, le rendre plus fort, plus endurant et le maintenir en bonne santé, il faut bouger, faire du sport, produire un effort musculaire et transpirer. Et faire du sport n'est pourtant pas confortable, cela peut même se révéler douloureux, et c'est souvent dans la phase de récupération, ressourçante, régénérante, que l'on éprouve le plus de plaisir.

Tomber du canapé pour apprendre à se relever

Eh bien, il en est de même pour l'esprit ! Pour se renforcer, il doit rencontrer des difficultés, des obstacles, des conflits, s'entraîner à réagir. Et quand la contrainte s'amenuise, puis disparaît, quel bonheur !

> « *Ce qui ne demande aucun effort n'est que temps perdu.* »
>
> PAUL VALÉRY,
> in *Le Bilan de l'intelligence* (Allia, 2011).

À la différence du sport – qui est une démarche que l'on provoque –, il va de soi que nous n'allons pas provoquer (du moins consciemment) l'adversité ou l'obstacle moral. Nous n'allons pas les chercher mais nous n'allons pas non plus les fuir, le rejeter.

La prise de risque – je ne parle pas ici d'instabilité – est essentielle à notre gymnastique intellectuelle et physique. Ne pas s'y frotter est d'ailleurs en soi un gros risque.

La prise de risque nous permet de mesurer nos limites, donc de nous connaître et de nous dépasser.

La prise de risque est « une tentative de vivre », selon le sociologue David Le Breton[1]. Elle passe par des dispositions et des circonstances, parfois bien anodines, telles que l'ouverture d'esprit, les rencontres, la dialectique, le refus de s'engluer dans la routine, le refus de considérer les choses (et les individus) comme acquis.

En fait, le risque est tout ce qui n'est pas confort.

L'utopie du risque zéro

La société actuelle est de plus en plus sécuritaire et surprotectrice. Suivant le fameux principe de précaution, elle lisse, calfeutre, punit, chasse ce qui la gêne, ce qui incite au changement – forcément aléatoire et potentiellement dangereux –, et elle engendre en retour des individus qui crient avant d'avoir mal et fuient toute forme de risque. Par la force des choses, ce genre de société est moins dynamique, moins créatrice qu'elle n'a pu l'être en temps de conflit, en temps de révolte, de révolution.

Ce constat n'a rien de pessimiste, car il en va de la société comme du reste : les cycles s'imposent et amènent leur lot de renouvellement.

1. *Adolescence et conduites à risque* (Éditions Fabert, 2015).

Les difficultés doivent pousser à l'action et non au découragement. L'esprit de l'homme se renforcera par le conflit. Aimer, créer, tout ce qui donne sens à la vie implique de traverser la peur, faire corps avec elle et la dépasser.

Le confort nous avilit, car il nous endort. Ce en quoi abonde Louis-Ferdinand Céline lorsqu'il dit : « La beauté, c'est comme l'alcool ou le confort, on s'y habitue, on n'y fait plus attention. »

> “ *Nous agissons toujours comme si le confort et le luxe étaient essentiels à notre existence, alors qu'il suffit pour être réellement heureux de trouver quelque chose qui nous intéresse passionnément.* ”
>
> CHARLES KINGSLEY,
> in *Health and Education* (1874).

ÉTUDE DE CAS

Solène, 39 ans, mère de famille, trois enfants.

« Je m'ennuie !
— Mais de quoi vous ennuyez-vous, Solène ?
— Je n'ennuie de n'avoir rien de grave à faire.
— Qu'est-ce qui est grave ?
— Ce serait d'avoir une maladie, d'avoir quelque chose qui me fasse ressentir d'être vivante. »

Il semble évident qu'elle ressent une profonde culpabilité à ainsi désirer (consciemment ou inconsciemment) de l'adversité pour se sentir en vie. Je reprends, de manière un peu solennelle.

« Il n'est nul besoin de gravité, d'extrémité pour se sentir vivant, mais bien plutôt de se surprendre, de sortir de sa zone de confort, de ses habitudes, pour retrouver un élan vital. »

Pour illustrer et lui faire vivre mes propos, je lui donne un exercice : faire la liste de ce qu'elle aimerait faire ou être si elle savait qu'elle n'avait plus qu'un an à vivre. La semaine suivante, elle revient avec un tas de propositions. Certaines sont impossibles à réaliser (devenir chirurgien), mais d'autres deviennent dès lors des exercices comportementaux – adresser la parole à des inconnus, s'engager dans une association caritative pour les enfants, partir en vacances seule en abandonnant mari et « marmaille », etc. – autant d'objectifs qui lui semblaient jusqu'alors insurmontables.

Forte de cette dynamique, elle se surprend finalement à pouvoir inventer sa vie et en redécouvre toute la saveur.

Outil 24

C'est en prenant le temps qu'on en gagne

Pour commencer…

Détendez-vous… respirez profondément par le ventre… je vous conseille de fermer les yeux un instant… laissez monter la phrase en vous en cérébralisant le moins possible… laissez-la résonner sans porter de jugement… laissez venir les images, les sensations, les idées sans vous y attacher particulièrement… notez ce qui en sort.

J'aurais tout aussi bien pu écrire « prendre le temps d'aller vite… » De fait, c'est quand on donne le temps au temps que les choses prennent leur sens et que l'on peut avancer harmonieusement. Il s'agit de prendre le temps pour en gagner.

Nous sommes dans une société de l'immédiateté. Tout nous invite à la réaction (émotion) plutôt qu'à l'action (raison). Pour cela, nul n'est besoin de précipitation. Au contraire… Au contraire, je préconise face à ce diktat d'arrêter le temps pour en prendre toute sa mesure, son sens.

Je m'arrête. Je ressens. Je prends du recul et je regarde la situation dans son ensemble.

> « *On nous apprend à compter les secondes, les minutes, les heures, les jours, les années... mais personne ne nous explique la valeur d'un instant.* »
>
> DONATO CARRISI, in *L'Écorchée* (Le Livre de Poche, 2014).

Grande respiration pour une question

Quand une question pressante se pose à nous, c'est notre mental qui prend la parole le premier, alors qu'il faudrait plutôt laisser le temps à notre corps, à notre ressenti de le faire. Pour cela, il faut suspendre le temps en son vol.

Une pause... courte... Une respiration ventrale... À l'écoute de notre intuition ; celle-ci n'est pas logée au même niveau que notre matière grise. Elle est en nous, dans nos tripes.

Donc, la réponse, la vraie, est dans le temps que nous prenons à écouter la première des réponses qui soit : celle de notre instinct. La question n'est ni dans « est-ce que je dois ? », ni même dans « est-ce que je veux ? », mais plutôt dans « qu'est-ce qui est bon pour moi ? »

LA MÉTHODE DE LA GRANDE RESPIRATION

Cette méthode réside donc dans une courte introspection. Plus celle-ci est longue, plus elle laisse l'espace à l'esprit pour reprendre la main.

Voici comment procéder :

1) **Avant de commencer**, il faut vous imprégner de votre intention de départ, faire le vide en vous afin d'accueillir la réponse à votre question...

2) **Relâchez les épaules** ainsi que la langue dans votre bouche...

3) **Prenez une profonde respiration** en entamant l'inspiration par le ventre, en la poursuivant par le diaphragme, puis en l'achevant par les poumons et la gorge...

À la fin de celle-ci, restez en apnée durant 3 secondes...

4) **Puis, soufflez très lentement** en relâchant tout l'air de la gorge d'abord, puis des poumons, puis du diaphragme, et enfin celui du ventre, comme si vous souffliez sur la flamme d'une bougie pour la faire vaciller sans l'éteindre...

À nouveau, restez en apnée durant 3 secondes...

5) **Répétez l'exercice** en vous posant précisément votre question...

Finalement, la première réponse qui surgira sera la bonne, dans ces quelques fractions de seconde qui nous séparent de la logique et de l'analyse...

Apprendre à prendre le temps d'écouter son intuition n'est pas une vaine démarche. Il peut nous éviter un tas de tergiversations, d'en découdre et recoudre avec les comment et les pourquoi.

> « *J'aime que le temps nous porte, et non qu'il nous entraîne.* »
>
> MARGUERITE YOURCENAR in *Alexis ou le Traité du vain combat* (Gallimard, 1978).

ÉTUDE DE CAS

Sophie, 53 ans, en poste depuis 25 ans dans la même entreprise, vient demander mon avis sur une décision professionnelle qu'elle doit, semble-t-il, prendre sous deux jours. À savoir, accepter ou pas la présidence de l'entreprise.

Ma première réaction est de lui demander : « En avez-vous envie ? »

Quelle n'est pas sa surprise lorsque je comprends qu'elle ne s'est même pas posé la question !

Ses seules interrogations sont plutôt : « Le dois-je ? Est-ce bien pour ma société ? Est-ce ce que l'on attend de moi ?... »

Je lui demande alors pourquoi ce délai de deux jours... Est-il ajournable ?

Sophie ne sait pas quoi répondre et avoue se sentir étranglée. Je lui propose immédiatement la méthode de la Grande Respiration (lire p. 189) adaptée à la question qui la taraude.

« Vous devez prendre le temps de vous écouter... fermez les yeux... tenez-vous bien droite en gardant les mains sur le ventre... gonflez le ventre... puis le diaphragme... puis le poumon dans la foulée de votre inspiration... restez en apnée 3 secondes... soufflez tout doucement par la bouche... Maintenant, reprenez l'exercice en vous posant LA QUESTION... elle doit être aussi simple que possible... votre corps et votre inconscient doivent pouvoir y répondre par oui ou par non... dans votre cas, cette question pourrait être : "Ai-je envie d'être présidente ?" »

Sophie réalise l'exercice devant moi, mais n'y parvient véritablement qu'à la troisième tentative. Et sa réponse s'impose en elle-même, claire et nette : « NON ! Sauf si je peux négocier selon mes désirs. »

Évidemment, cette conclusion n'est pas vraiment confortable, mais elle l'entend et décide de la mettre en pratique. Dès le lendemain, elle en discute avec son conseil d'administration et finit par négocier une présidence conjointe sur deux ans, le temps pour elle d'être accompagnée dans ses nouvelles fonctions.

> “ *Le temps ne respecte pas ce qui se fait sans lui.* ”
>
> PAUL MORAND, in *L'Homme pressé* (Gallimard, 1990).

Il est toujours nécessaire de s'écouter, surtout quand on pense ne pas en avoir le temps.

PRENDRE DU TEMPS POUR ENTENDRE SA VOIX INTÉRIEURE, C'EST GAGNER DU TEMPS FACE AU TUMULTE EXTÉRIEUR.

Outil 25

Il n'y a pas besoin de faire pour être

Pour commencer...

Détendez-vous... respirez profondément par le ventre... je vous conseille de fermer les yeux un instant... laissez monter la phrase en vous en cérébralisant le moins possible... laissez-la résonner sans porter de jugement... laissez venir les images, les sensations, les idées sans vous y attacher particulièrement... notez ce qui en sort.

Une fois n'est pas coutume, gardez le rythme apaisant de cette respiration préalable... Restez concentré et tentez d'apaiser les battements de votre cœur... imaginez-vous qu'il est un petit enfant à qui vous parlez pour le calmer... je vous suggère de prononcer en vous-même un « chuuuuuuttttttttt » plein de douceur et de bienveillance...

À l'écoute

Cet exercice doit vous permettre de rentrer en connivence avec votre pulsation cardiaque sans avoir à toucher ni votre pouls, ni votre gorge, ni votre poitrine… entendre son cœur parle de soi-même… entendre son cœur, c'est « Faire pour Être »[1].

> “ *L'essentiel est invisible pour les yeux.*
> *On ne voit bien qu'avec le cœur.* ”
>
> ANTOINE DE SAINT-EXUPÉRY,
> *Le Petit Prince* (Folio, 1999).

Or, ce que l'on « voit » avec le cœur c'est l'Être, pas le Faire… Travaillez le regard de votre cœur, les yeux de votre âme. Votre vie n'en sera que plus paisible. Vous vous incarnerez !

Chacun de nous a besoin de Faire. Le Faire est notre lien social, il intervient pour créer, pour accomplir, pour être utile, pour vivre… Simplement, nous constatons que nos sociétés modernes et consuméristes promeuvent exagérément le Faire au détriment de l'Être.

Les individus doivent « performer » pour considérer avoir réussi. Nos écoles apprennent donc à Faire – compter, lire, assembler, développer, dépasser, etc. – mais qui nous apprend à Être ?

Nous naissons et déjà nous sommes, puis nous devenons.

---

1. Dans la mesure où j'emprunte cette notion à David Servan-Schreiber, je vous invite à lire le chapitre « Vivre la cohérence cardiaque » dans son ouvrage *Guérir* (Robert Laffont, 2003), qui reprend l'exercice en le développant.

À faire d'urgence

Dans la pyramide des besoins définie par le célèbre psychologue américain Abraham Maslow (1908-1970), il apparaît clairement que le besoin de Faire est inhérent à tous mais qu'il est inférieur en importance à celui d'Être – d'être reconnu d'une part, et surtout de se reconnaître.

Comment faire prédominer l'Être sur le Faire ?

Sachez d'abord qu'il n'est jamais trop tard pour commencer. Car ce que nous sommes n'est pas préétabli ; nous devenons et nous nous construisons tout au long de notre vie.

« Être soi-même » est une réalité sans cesse renouvelée et ancrée dans l'ici et maintenant.

En premier lieu, dans cette démarche de changement – car c'en est une... et de taille ! – il convient de prendre conscience de votre unicité.

Sans aucun jugement, prenez conscience de votre absolue différence, sentez en vous-même ce qui fait votre richesse, votre valeur.

Pourquoi cette première étape ?

Pour vous réconcilier durablement, voire définitivement, avec vos particularismes.

Un peu de pommade

Commencez par énumérer vos talents, vos ressources (qu'est-ce que je sais ? qu'est-ce que j'aime faire ?...). Partez de ce en quoi vous êtes fort(e). N'oubliez pas que l'on ne grandit qu'en s'appuyant sur ses points forts, pas en cultivant ses points faibles.

Ne soyez pas timide ni modeste, soyez objectif et allez au bout de vos qualités.

ÉTUDE DE CAS

Linda, 42 ans, m'explique comme il lui est difficile de se reconnaître des qualités en dehors de l'utilité de son savoir-faire professionnel. À l'occasion d'une recherche de nouveau poste, nous avons retravaillé ensemble son CV. J'ai alors proposé de mettre en avant son savoir-être plus que son savoir-faire. Vous n'imaginez pas combien il lui a été pénible de se trouver des qualités personnelles. Finalement, dans la douleur, en sont sorties l'écoute active, l'empathie, la capacité d'adaptation, la générosité...

À la lumière de cet exercice pratique, Linda a compris que déterminer son savoir-être revenait à désigner ses valeurs profondes et à accepter de vivre en accord avec celles-ci.

Si vous avez du mal à vous trouver un quelconque talent, essayez de vous regarder comme si vous étiez à la place de votre meilleur(e) ami(e). Notre propre regard est souvent handicapé par nos croyances, nos jugements, nos peurs... Or, notre meilleur ami est partout présent au fond de notre cœur. Il s'agit de le réveiller. De réveiller notre bienveillance à notre égard.

Ici, bienveillance n'est ni laxisme ni aveuglement. C'est le meilleur de nous-même, le cœur de notre cœur.

À présent que vous êtes conscient(e) de votre caractère unique, je vous invite à faire le deuil de celui/celle que vous étiez avant.

C'était pas mieux avant !

Cette phase est très importante car il s'agit de reconnaître que notre comportement d'avant était bien utile, mais qu'il est désormais révolu, puisqu'il ne nous permet plus d'avancer, d'aller vers le meilleur de nous-même.

En faire le deuil signifie y renoncer et passer à autre chose. Ce deuil peut se formuler par une phrase, du genre : « À partir d'aujourd'hui, je n'ai plus besoin de faire toujours quelque chose pour quelqu'un... À partir d'aujourd'hui, je n'ai pas besoin de Faire pour me reconnaître, pour m'aimer... À partir d'aujourd'hui, je prends le temps de ne rien faire... À partir d'aujourd'hui, je me détache du regard des autres... Je ne me rends plus esclave de ce que je crois que les autres attendent de moi... »

La mince affaire, me direz-vous !

Choisissez la phrase qui vous correspond le mieux, celle qui vous ressemble et qui marque une rupture par rapport à vos habitudes comportementales. Tout ça ne se fera pas instantanément, et il faudra vous répéter cette phrase tous les jours, plusieurs fois par jour même.

Le temps de l'effort

Rappelez-vous que changer de comportement demande de l'astreinte, de l'endurance, de la vigilance et une motivation réelle à renouveler sans cesse. Faites comme le sportif qui s'échauffe avant l'événement ou le musicien qui répète inlassablement avant le concert. Le geste ne rentre pas dans les muscles instantanément, il faut parfois des heures et des heures d'entraînement, de répétition...

Soyez patient avec vous-même, vos vieux réflexes reviendront frapper à la porte et vous serez souvent déçu de ne pas voir de changement plus rapide, déçu de vous sentir revenir en arrière. Rien de grave, rassurez-vous. Un jour, vous vous apercevrez que votre regard sur vous-même va changer, qu'il n'y a rien d'autre à attendre que de la légèreté et un sentiment de paix intérieure.

Faites alors la liste de vos peurs. Allez au fond de vous-même et auscultez les tremblements, les petites et grandes angoisses, leurs raisons d'être. Demandez-vous, pour chacune d'elles, si elles vous appartiennent vraiment ou si elles sont le fruit d'un héritage.

S'il s'agit d'un héritage, associez instinctivement – et aussi instantanément que possible – cette/ces peur(s) aux personnes qui y sont liées. Ainsi, à chaque fois qu'elles se représenteront, dès que vous les ressentirez, il s'agira de vous rappeler à qui elles appartiennent vraiment, afin d'induire une stratégie d'évitement bénéfique et salutaire. Plus elles seront associées à d'autres que vous, moins elles se manifesteront.

Par exemple, si vous avez peur de ne pas réussir ou de ne pas être à la hauteur, demandez-vous si votre père/mère/un proche n'avait pas cette même peur. Ainsi, à chaque fois que cette crainte se représentera, vous la rejetterez en toute conscience en admettant qu'elle n'est pas à vous et que vous avez les moyens de vous prouver le contraire.

On n'a rien sans rien

C'est un acte volontaire, un acte de conscientisation que de renoncer à ses peurs... Soyez attentif à vos sensations et donnez-vous la lumière de votre conscience.

Si vous aviez l'habitude de vous faire remarquer par des comportements excentriques ou bruyants auparavant, vous constaterez que vous n'aurez plus le même besoin de vous faire voir, de vous faire entendre.

On vous verra, on vous entendra... autrement. Nul besoin de FAIRE. Vous ÊTES.

Si vous n'ouvriez pas la bouche auparavant, si vous ne saviez pas quoi faire pour vous glisser dans un petit trou pour qu'on ne vous voie pas..., vous ne vous ferez pas pour autant remarquer mais vous vivrez beaucoup plus tranquillement le fait d'être en public, de rencontrer de nouvelles personnes.

Vous pourrez vous détendre, apprécier même qu'on vous voie et peut-être qu'on vous entende.

En somme, vous constaterez au fur et à mesure que vous vous apaiserez, que vous aurez plaisir à savourer l'instant, que vous ne serez pas égocentré(e) mais centré(e), tout simplement.

LE SAVOIR-ÊTRE EST UN SAVOIR-FAIRE EN SOI.
LE MEILLEUR PEUT-ÊTRE...

Outil 26

La vie demande beaucoup à ceux qui peuvent beaucoup

Pour commencer...

Détendez-vous... respirez profondément par le ventre... je vous conseille de fermer les yeux un instant... laissez monter la phrase en vous en cérébralisant le moins possible... laissez-la résonner sans porter de jugement... laissez venir les images, les sensations, les idées sans vous y attacher particulièrement... notez ce qui en sort.

N'avez-vous jamais constaté que certains rencontraient plus de difficultés que d'autres dans la vie ? Ne vous êtes-vous jamais demandé, vous-même, pourquoi la vie vous donnait le sentiment de « s'acharner » sur vous ?

Combien de fois ai-je entendu : « Mais qu'ai-je fait pour mériter ça ? »

Cette notion de mérite m'a toujours dérangée. Qu'en est-il alors de ceux qui naissent handicapés ? Et ceux qui perdent un enfant ? Ceux qui subissent un viol ? Une trahison ?...

Pourquoi moi ?

Partons donc du postulat qu'il n'y a pas de justice dans la vie – pas de justice immanente en tout cas. La justice est une notion humaine, faite par et pour les êtres humains. Voilà pourquoi je préfère la notion de justesse à celle de justice. Car c'est exactement de ça dont il est question dans cette phrase.

Justesse plutôt que mérite. Ainsi, « Qu'ai-je fait pour mériter ça ?! » expression d'une vraie détresse profonde, pourrait se voir traduit d'une façon plus nuancée par « Quelle est la justesse de ce que je vis ? Puis-je y trouver un sens ? »

> “ *Si, au contraire des idées reçues, les « hommes n'avaient jamais que la vie qu'ils méritent ?* ”
>
> JEAN-PAUL SARTRE in *Baudelaire* (Folio, 1947).

Malheureusement, il est bien difficile – voire indécent – d'inviter à la nuance, à la raison, à l'introspection constructive lorsque le malheur vous frappe. Allez donc parler de justesse à la mort d'un enfant.

Toutefois, avec le recul, il n'est pas inutile de s'interroger sur la portée de ce que nous venons de vivre, sur son impact « positif » à notre égard. Car tout ce que nous vivons a un sens et s'inscrit dans un grand Tout dont nous faisons partie. Et ce grand Tout – qu'on l'appelle Nature, Vie ou Dieu – demande toujours beaucoup à ceux qui peuvent beaucoup (« pouvoir » est ici à employer en termes de capacités, potentialités et talents).

Ce n'est pas une vérité tangible mais une appréciation personnelle qui nous sert pour plonger en nous, mieux nous connaître.

Les hauts, c'est bien... Les bas, c'est encore mieux !

Ce qui nous arrive ne survient pas pour le plaisir de nous faire du mal, ni pour nous détruire au nom d'une volonté toute-puissante et capricieuse. Nous devons accepter que ce qui nous arrive n'agit pas « contre » nous mais « pour » nous. L'épreuve de vie – quelle qu'elle soit – est là pour que nous nous dépassions, que nous utilisions la douleur qu'elle nous inflige pour aller de l'avant, pour (re)trouver les ressources de l'amour et non celles de la haine.

J'ai toujours pensé que les grands bonheurs, les grandes joies, le confort faisaient moins progresser l'individu dans sa connaissance de lui-même, que les grandes peines et les souffrances. Il n'y a rien de pervers là-dedans. Oui, on peut se découvrir généreux dans l'abondance. Oui, on peut déplacer des montagnes grâce à l'amour partagé. Mais rien n'égale la transcendance de l'immonde en merveille, rien n'offre plus de bénéfices que d'aller puiser dans son propre inconnu pour créer le meilleur de l'Homme.

Le progrès se fait ainsi.

L'homme s'accouche et se dépasse dans la douleur. Une sorte de second souffle que connaissent bien les sportifs.

> « *Il n'y a pas de Paradis, mais il faut tâcher de mériter qu'il y en ait un.* »
>
> JULES RENARD, in *Journal* (édition 1935).

Petit coup de pouce pour un grand Bien

« La vie demande beaucoup à ceux qui peuvent beaucoup » constitue un credo positif sur lequel il est bon de s'appuyer dans les épreuves ; non seulement cela ne fait de mal à personne, mais cela redonne un coup de fouet à nos ressources.

En ressentant les choses ainsi, je peux plus aisément convoquer mes talents, mon énergie – ma foi, s'il en est –, au service des solutions à apporter à l'épreuve, et non à l'apitoiement et au terrassement.

Cette phrase-outil est un baume censé venir apaiser ceux qui vivent des peines et des souffrances en leur faisant valoriser les capacités nichées en chacun d'eux.

ÉTUDE DE CAS

Nombreux sont ceux que j'ai vu se connecter émotionnellement et psychologiquement à cette phrase et trouver un nouvel élan.

Ce fut le cas d'Olivier, 45 ans, qui n'avait de cesse d'exprimer sa désagréable certitude qu'il payait, par les difficultés qu'il rencontrait, pour quelque chose qui lui échappait. Il se sentait incompris et rejeté des siens. Il avait beaucoup de mal à vivre une histoire sentimentale jusqu'au bout et, de même, à se réaliser professionnellement. Sa certitude était que tout était plus dur pour lui que pour les autres, alors qu'il avait un bagage scolaire et une sensibilité plus développés. Chaque fois, ses partenaires finissaient par le quitter pour des raisons qui lui paraissaient étrangères alors qu'elles étaient toutes liées à la même cause, à savoir un manque d'engagement de sa part. Il avait du mal à s'ancrer dans l'existence – qu'il estimait injuste – et se victimisait.

Jusqu'au jour où je partageai avec lui ma vision de la vie, à savoir qu'elle était effectivement tout sauf juste – et ce du simple fait de nos différences et de notre unicité – et qu'il s'agissait néanmoins de tirer de ces différences la structure de notre monde, tous ensemble.

De la même manière que nous ne naissons pas tous égaux en termes de chance, nous n'avons pas tous à en faire la même chose. Il est demandé plus – heureusement ! – à ceux qui ont plus reçu à l'origine (inné et acquis).

En accueillant cette phrase, Olivier s'est senti libéré et nimbé d'amour, le sien. Il a soupiré, respiré profondément, puis m'a répondu : « Je n'ai donc pas nécessairement à comprendre mais à accepter... »

> “ *Faire un homme heureux, c'est mériter de l'être.* ”
>
> JEAN-JACQUES ROUSSEAU,
> in *Œuvres complètes* (Seuil, 1971)

En nous transcendant, en convoquant notre foi en l'Homme, en la Vie, en Dieu, nous sommes capables de grandes choses.

Tout devient possible.

ACCEPTER QUE LA VIE N'EST PAS FORCÉMENT JUSTE MAIS QU'ELLE A TOUJOURS RAISON NOUS DONNE LE COURAGE D'ALLER VERS NOUS-MÊMES.

Outil 27

Faire aux autres ce que j'aimerais que les autres me fassent

Pour commencer...

Détendez-vous... respirez profondément par le ventre... je vous conseille de fermer les yeux un instant... laissez monter la phrase en vous en cérébralisant le moins possible... laissez-la résonner sans porter de jugement... laissez venir les images, les sensations, les idées sans vous y attacher particulièrement... notez ce qui en sort.

ÉTUDE DE CAS

Cédric, 32 ans...

« Moi, je ne fais jamais aux autres ce que je n'aimerais pas qu'on me fasse, je ne comprends pas qu'il n'en soit pas ainsi pour tout le monde...

— Peut-être parce que tout le monde n'est pas comme vous... Mais d'abord, ne vous êtes-vous jamais interrogé sur la formulation de votre phrase ?... Vous ne « faites pas aux autres » alors qu'il faudrait que vous fassiez... imaginez, en levant l'annulation, en transformant le négatif en positif, vous permettriez la créativité... c'est

« en faisant » que l'on donne « envie de faire » et non pas en ne faisant pas que l'on invite l'autre à ne pas faire...

Cette simple prise de conscience linguistique a ouvert chez Cédric un horizon de connexions avec ses envies et un désir de les partager, plutôt que de se limiter à faire respecter strictement ses limites.

Faire ou ne pas faire ?

Vous connaissez sans aucun doute cet adage, tout du moins dans sa version « négative » – qui commande en substance de « Ne pas faire aux autres ce que je n'aimerais pas que les autres me fassent » – commune à toutes les grandes religions et courants spirituels.

Pourquoi avoir favorisé la forme positive ? Y a-t-il une grande différence entre les deux ? Quelle idée vous inspirent l'une et l'autre ? Quelle dynamique impliquent-elles ?

En fait, l'une est POUR quelque chose et engendre le mouvement, l'autre est CONTRE cette même chose et immobilise.

À l'instar de mère Teresa qui ne cessait de répéter qu'elle ne voulait pas participer à des mouvements « contre la guerre » mais volontiers à ceux « pour la paix », il est surprenant de constater qu'il est plus difficile de promouvoir que de s'opposer.

Pourtant, ici, la formulation négative constitue une contrainte pour le cerveau. Elle engendre rapidement un sentiment de frustration ainsi qu'une sensation de blocage. Dans « Ne pas faire aux autres ce que je n'aimerais pas que les autres me fassent », l'esprit assimile d'abord le NE PAS FAIRE. Cette dynamique restrictive vient contenir le mouvement, tandis qu'une formulation positive permet de générer l'action.

Le fait de nous mettre en action nous inscrit dans un cercle vertueux qui nous fait recevoir en donnant, être aimé en aimant, être pardonné en pardonnant et nous fait sortir ainsi de l'attente et de la frustration.

> “ *On se donne en donnant.* ”
>
> MARCEL MAUSS, in *Essai sur le don* (PUF, 2012).

Donner sans compter

Certes, « Faire aux autres ce que j'aimerais que les autres me fassent » induit une notion de projection : je projette mon désir sur autrui. Mais rien d'égoïste ni de restrictif ici ; rien ne nous empêche de faire/donner à l'autre ce qu'il aimerait qu'on lui fasse/donne aussi. Ce n'est pas simplement « donner pour soi », mais aussi « donner à l'autre », « aux autres » et ressentir que le mouvement est juste.

Voilà un bon exemple de ce que j'appelle le prosélytisme passif ; un moyen silencieux, patient et engagé de mettre en actes ses valeurs, d'agir en conscience, de faire ce en quoi l'on croit par l'action, sans chichi ni blabla.

« Faire aux autres », c'est « se faire à soi », puisque donner, c'est se donner tout autant dans un mouvement de générosité et de partage.

Quand je me sens blessé(e) par quelqu'un, plutôt que de m'enfoncer dans la rancœur, l'amertume ou la colère, je vais demander à l'autre les raisons de son comportement. Je vais chercher les mots de l'apaisement plutôt que de me confronter à son courroux. Je vais essayer de me mettre à sa place pour qu'il entende ce que j'ai à lui dire. Pourquoi ?

Parce que je me dis que j'ai pu – ou je pourrais – être aussi maladroit(e) que lui et le blesser de la même façon, sans forcément le vouloir. Parce que j'aimerais qu'il se mette alors à ma place pour m'écouter, comme je peux le faire maintenant à son égard.

Si chacun pouvait agir dans ce sens, la paix aurait plus de chance.

L'autre, c'est moi

« Faire aux autres ce que j'aimerais que les autres me fassent » peut être complété par « Me faire à moi-même ce que j'aimerais que les autres me fassent ». Ainsi, on entre en autonomie, en indépendance plutôt qu'en dépendance. On n'attend plus d'autrui qu'il comble nos manques, qu'il nous supporte au sens propre du terme. On accueille ce qui vient, au seul « risque » de trouver « mieux » que ce qu'on pouvait attendre.

L'Autre est une partie du Tout, de ce Tout qui nous entoure, auquel j'appartiens et qui est aussi une partie de moi, de ce que je vois, de ce que je respire, de ce qui m'échappe et au-delà.

Cette phrase nous fait entrer en homéostasie, c'est-à-dire dans l'équilibre de nos fonctionnements mutuels.

SE DONNER À SOI, C'EST AUSSI S'AIMER,
ET LA BOUCLE EST BOUCLÉE... !

Outil 28

L'amour donne beaucoup de devoirs !

Pour commencer...

Détendez-vous... respirez profondément par le ventre... je vous conseille de fermer les yeux un instant... laissez monter la phrase en vous en cérébralisant le moins possible... laissez-la résonner sans porter de jugement... laissez venir les images, les sensations, les idées sans vous y attacher particulièrement... notez ce qui en sort.

Je rends à César ce qui est à César. Ici, César s'appelle Lisa. Elle avait reçu cette phrase de sa mère, Solange. Celle-ci était décédée quand elle me la livra. Et comme une évidence, j'ai accueilli cette injonction.

L'amour, toujours l'amour

À l'instar de ce que nous susure l'adage « La vie demande beaucoup à ceux qui peuvent beaucoup » (lire p. 201), l'amour nous demande beaucoup en retour. En avoir reçu beaucoup exige d'en donner sans compter.

Simplement parce que l'amour rend meilleur !

À mon sens, être riche ne donne pas de droits
mais des responsabilités.

Trop souvent, on reçoit, on thésaurise et, dans le meilleur des cas, on transmet sans redistribuer.

Ailleurs, pourtant, j'ai pu constater que de grandes fortunes, souvent bâties en un temps record, pouvaient être redistribuées par le biais de fondations, donations, etc. C'est le cas des Warren Buffet, Bill Gates et autres Mark Zuckerberg. Mais s'il ne s'agissait que de gros sous...

L'amour donne des ailes

Pour ma part, je me suis toujours sentie mue par un irrépressible désir de transformer ce qu'il m'avait été donné en une force immuable de donner.

J'ai été aimée... incroyablement. J'aurais pu m'en contenter, mais ça n'aurait pas suffi. J'avais en moi l'élan et le besoin de transmuer cet amour inconditionnel donné par mes parents en un amour transcendé de l'autre – non des autres. Je n'ai jamais aimé « les gens ». J'aime les individus, pas les groupes.

J'ai toujours senti en moi l'énergie du don, même quand il n'était pas particulièrement bien reçu par autrui. Je crois d'ailleurs qu'il est plus facile de donner que de recevoir.

Un monde meilleur (Mimi Leder, 2000), voilà une merveilleuse parabole cinématographique qui vient illustrer notre propos : il est demandé à une classe d'enfants de dix ans de réfléchir à la manière de rendre le monde meilleur et d'en faire une dissertation. La plupart répondent de leur mieux sans changer le cours des choses mais l'un d'eux échafaude une théorie selon laquelle le monde serait meilleur si chacun d'entre nous faisait une véritable bonne action pour un étranger. Une bonne action qui nous investirait dans le bien-être d'autrui qui, en retour, lui demanderait de faire la même chose pour trois personnes différentes... qui le feraient elles-mêmes, chacune, pour trois personnes différentes, etc.

VOILÀ COMMENT CHANGER LE MONDE :
EN SE SENTANT CHARGÉ DU DON D'AMOUR,
EN L'OFFRANT À NOTRE TOUR ET EN DEMANDANT
À CELUI QUI L'A REÇU DE LE DONNER À SON TOUR...

Ainsi, nul n'est redevable, tous sont gagnants !

Merci Solange. Et merci à toi bel ange.

Allez !!! On y va !

Et pour finir... ou Postface

> *Marche sur ton propre chemin, tout le reste est égarement.*
>
> GITTA MALLASZ in *Dialogues avec l'ange* (Aubier Montaigne, 1994).

Ces phrases ne sont pas miennes. Elles appartiennent à une culture, une conscience collective. Mais j'ai expérimenté personnellement chacune d'elles, ressenti intimement leur fonction salvatrice.

Ces outils sont effectivement des stimuli, des clés de conscientisation qui mènent vers un mieux-être. Pourtant, là où ils facilitent, ils ne sont pas toujours confortables, agréables ou évidents.

Car le mieux-être, le chemin vers l'harmonie – j'ose dire le Bonheur – est aride et confrontant. Les premières sensations peuvent, parfois, être particulièrement douloureuses.

Pour ma part, je me souviens de la première fois où j'ai entendu la phrase : « C'est quand tu auras renoncé que tu obtiendras ce que tu voudras ! » prononcée par mon psychothérapeute du moment, Patrick Sakings.

Sur le coup, je n'ai pas bien saisi ce qu'il voulait dire. Mais rapidement, j'ai ressenti une rage venue des tréfonds de mon ventre qui soulevait en moi d'intimes violences. J'ai trouvé alors sa réplique tellement injuste, tellement stupide !

Renoncer ! Moi qui avais la sensation d'être au front ! De tenir bon au fil de mes batailles intérieures ! Renoncer ? Comment faire ?

J'ai rétorqué que ce mouvement était totalement contre-nature, que je ne voyais pas comment renoncer à la vision d'une vie qui était fondamentale pour moi... Renoncer à la vision que j'avais de moi, aux ambitions que je m'étais forgées, à l'idée d'un homme qui sache m'aimer pour moi-même, à l'envie d'une famille que nous construirions ensemble... Renoncer à la possibilité d'une vie de douceur et de satisfaction... Renoncer à des notions, des envies que je pensais fondées, justes, méritoires...

Comment voulait-il que je me persuade que je ne voulais plus de tout ça ? Et pourquoi faire ?

Mon psychothérapeute a souri [ce qui n'a rien arrangé à l'affaire, soit dit en passant...] et m'a dit : « Je VEUX n'obtient jamais ! »

J'ai eu instantanément l'image dans ma tête de chevaux tenus, la bride bien serrée... J'ai vu ces animaux se cabrer, se rebeller, j'ai ressenti profondément l'émotion associée au contrôle, aux limites et entraves.

J'ai pensé : il faut du lest, il faut de la confiance... Il a peut-être raison.

J'avais envie de pleurer... J'avais envie de baisser les bras...

Je suis sortie de la séance complètement abattue... Ne sachant pas comment on renonçait.

Je n'avais plus envie de rien... Et c'était ça le chemin justement : faire le deuil de ce qui m'obsédait pour accueillir la vie, pour accueillir ce qu'elle voulait pour moi.

Le temps a fait son office... Tout a alors pris son sens.

Mais il a bien fallu que j'en passe par la conscientisation de ma vie, que j'en passe par l'exigence de tout mettre en lumière. Ce n'était pas agréable du tout ! Plein de souffrances ! J'ai pleuré, j'ai râlé, mais j'ai lâché prise et j'ai enfin renoncé...

J'ai alors effectivement tout obtenu. Et souvent plus que je n'aurais pu vouloir pour moi-même.

Jusqu'à vous, lecteurs !

Bibliographie

ANCELIN-SCHÜTZENBERGER (Anne), *Aïe mes aïeux !*, Payot, 1998.

ANDRE Christophe, *Les États d'âme. Un apprentissage de la sérénité*, Odile Jacob, 2011.

ARENDT (Hannah), *La Condition de l'homme moderne*, Pocket, 1994.

BENSAÏD (Catherine) et LELOUP (Jean-Yves), *Qui aime quand je t'aime ?*, Pocket, 2011).

BERNE (Éric), *Analyse transactionnelle et psychothérapie* Payot, 2001.

BARRAL (Willy), *Le corps de l'enfant est le langage de l'histoire de ses parents*, Payot, 2008.

CORNEAU (Guy), *Le Meilleur de soi*, Robert Laffont, 2007.

CYRULNIK (Boris), *De chair et d'âme*, Odile Jacob, 2006.

Les Nourritures affectives, Odile Jacob, 2000.

DALLAIRE (Yvon), *Moi aussi... moi plus... 1001 différences homme-femme*, Éditions Option Santé, 1996.

DESJARDINS (Arnaud), *Les Chemins de la sagesse*, Pocket, 2006.

FREUD (Sigmund), *Psychopathologie de la vie quotidienne*, Payot, 2004.

Névrose et psychose, Payot, 2013.

Psychopathologie de la vie quotidienne, Payot, 2004.

GINGER (Serge), *La Gestalt. L'art du contact*, Marabout, 2007.

GRODDECK (Walter Georg), *Conférences psychanalytiques à l'usage des malades*, Champ Libre, 1978, 1979, 1981.

JANSSEN (Thierry), *La maladie a-t-elle un sens ?*, Fayard, 2008.

KIERKEGAARD (Sören), *Traité du désespoir*, Folio, 1988.

LE VAY (Simon), *Le Cerveau a-t-il un sexe ?*, Flammarion, 1994.

LEE RUNBECK (Margaret), *Le Temps d'aimer*, Presses de la Cité, 1957.

MAUSS (Marcel), *Essai sur le don*, PUF, 2012.

PRESTON (John), *Manuel de psychothérapie brève intégrative*, Dunod, 2003.

RIALLAND (Chantal), *Cette famille qui vit en nous*, Marabout, 2013.

Chéri(e), parle-moi ! Les règles pour améliorer la communication homme-femme, Jouvence, 2009.

Diagnostics. Essai de psychologie sociale, Librairie de Médicis, 1942.

RIVARD (Yvon), *L'Ombre et le Double*, Éditions du Boréal, 2012.

ROGERS (Carl), *L'Approche centrée sur la personne*, Ambre Éditions, 2013.

SINGER (Serge) *Psychothérapie : 100 réponses pour en finir avec les idées reçues*, Dunod, 2006.

SRI AUROBINDO, *La Bhagavad-Gitâ*, Albin Michel, 1970.

THICH NHAT HANH, *Le Miracle de la pleine conscience*, J'ai Lu, 2008.

VALÉRY (Paul), *Le Bilan de l'intelligence*, Allia, 2011.

Remerciements

Je voudrais remercier de tout mon cœur (qui est grand !) les hommes de ma vie... Ils se reconnaîtront... En commençant par mon père tant aimé... Parce que chacun a marqué de son empreinte ce que je suis aujourd'hui et généré une ou plusieurs des phrases de ce livre.

Je remercie aussi tous mes clients jusqu'à ce jour qui ont fait de moi leur coach, et réciproquement.

Et puis, tous ceux qui ont contribué à ce livre – mention spéciale pour ma si grande amie et sœur Céline... –, Patrick Gambache, Florence Lécuyer, Jeanne Castoriano et Philippe Lécuyer.

Enfin, je vous remercie, vous, lecteur, de ce que vous me faites exister et vous aider, je l'espère, dans votre chemin de vie. Humblement. Ça me donne envie de continuer.

Merci.

Département éditorial Art de vie

Réalisation : Nord Compo, à Villeneuve-d'Ascq

Achevé d'imprimer en avril 2016
par Normandie Roto Impression S.A.S., à Lonrai
N° d'imprimeur : 1601205
Dépôt légal : mai 2016

Imprimé en France